台州文獻叢書

台州叢書甲集

[清]宋世犖 輯

四

上海古籍出版社

文則

[宋]陳騤 撰
胡正武 點校

點校説明

陳騤（一一二八—一二〇三）字叔進，宋浙江東道台州臨海（今浙江省臨海市）人。紹興二十四年（一一五四）試春官第一，秦檜當國，以其孫秦塤居騤上。累官將作少監、守秘書少監兼太子諭德，知秀州、寧國府、太平州等職。光宗紹熙元年（一一九〇），召爲吏部侍郎，同知貢舉兼侍講，同修國史。二年春（一一九一），詔陳時政得失，陳騤奏疏三十條，上自用人、納言，下至飲宴、頒賞，頗能切中時弊。三年三月（一一九二）權禮部尚書，六月同知樞密院事，四年二月（一一九三）參知政事。寧宗時，宗室趙汝愚爲右丞相，兩人意見不協。韓侂胄以傳言功擅權，與陳騤政見未密。於是騤不久以觀文殿學士提舉洞霄宫致仕。辭官後，獨居一室，孜孜不倦整理舊著。嘉泰三年（一二〇三）卒，年七十六，贈少傅（一説少保），謚文簡。《宋史》有傳。騤喜獎掖後進，能破格用人，熟悉前代掌故和當時規章法令，文詞古雅。著有《文則》二卷、《中興館閣録》（一名《南宋館閣録》）十卷《續録》十卷，《中興館閣書目》三十卷（一説七十卷）等，有文集行世。

《文則》一書，著述之旨在於爲人作文立一範則，歷代學者頗有好評，今人則譽之爲我國第一部研究文法修辭之專著[一]，亦有人看成一部辭章學論著，一部文學理論批評專著[二]。郭紹虞、羅根澤主編《中國古典文學理論批評專著選輯》叢書時，將《文則》與《文章精義》收入，并將兩者合訂爲一册，也正是如此看待此書之明證。《文則》全書内容廣博，其立足點是以六經諸子之文章爲標準，一是重在研究其文章句法，如卷上「觀《檀弓》之載事」以下七條專論句法、章法。二是研究其用詞法，如卷上「詩人之用助辭」部分，列舉先秦詩文中用「也辭」、「而辭」到「且辭」、「焉辭」共八類虚詞用法之例；卷下「文有數句用一類字，所以壯文勢，廣文義也」，以唐朝韓愈文章爲例，説明前賢寫作精益求精、錘煉字句之苦心，列舉從「或法、者法」一直到「矣法」凡四十四種「用詞法」。三是概括六經諸子修辭方法，如分析比喻、引用、仿擬、析字、重疊、節縮、省略、層遞、錯綜、倒裝等各種辭格；其中又將比喻分爲十類：直喻、隱喻、類喻、詰喻、對喻、博喻、簡喻、詳喻、引喻、虚喻。陳氏所列文法修辭之目之格，條分縷析，各以實例證之，每立一目，皆有諸多論據爲基。中國古代討論文法修辭理論，至陳騤《文則》始化零星爲體系，將前賢有關論説進一步深化與細化，且有歷史發展之動態觀念。陳騤所立文法修辭概念定義，有許多沿用至今，并被奉爲圭臬。如修辭之比喻格，迄今尚未越出陳騤之藩籬，可以説古文文法修辭理論化框架已經粗具綱紀。故後世研究中國古代語法修辭發展歷史，無不舉《文則》爲標誌，此書遂成爲後代探求漢語文法修辭之鼻祖，也是中國古代辭章學之奠基之作。

《文則》自問世以後，一直享譽士林，流傳較溥，傳寫雕刻，代有善本；其影響所及，達於海外。收集比較，論其長短，則以我國臺灣學者蔡宗陽所著《陳騤〈文則〉新論》（以下簡稱《新論》，收入《文史哲學集成》中，臺北：文史哲出版社，一九九三年三月版）用力最勤。蔡氏《新論》所收珍貴版本多爲大陸學者所難得覿面者，如元惠宗至正十一年（一三五一）海岱劉庭幹金陵刊本，原書藏「國立中央圖書館」（臺灣）；明神宗萬曆年間（一五七三—一六一九）陳繼儒寶顔堂秘笈繡水沈氏尚白齋刊本《陳眉公訂正〈文則〉》，卷首題「宋天台陳騤著　明繡水沈元亮沈啟先校」，據所鈐「劉承幹字貞一號翰怡」和「吴興劉氏嘉業堂藏書印」兩方收藏印看，此書爲清末吴興劉承幹嘉業堂之物，原書藏「國立中央圖書館」；日本中御門天皇享保十三年（一七二八，清雍正六年）刊本，今藏臺北臺灣大學圖書館；《四庫全書》本《文則》，以文淵閣四庫本爲善，係清乾隆四十六年（一七八一）寫本，原書藏臺北故宫博物院；清嘉慶十八年（一八一三）金長春詒經堂藏書本《文則》，卷首題「宋天台陳騤著　後學當塗金長春輯」，原書藏臺北「中央研究院」歷史語言研究所傅斯年圖書館；清仁宗嘉慶二十二年（一八一七）宋世犖《台州叢書》本《文則》，原書藏臺北「中央研究院」歷史語言研究所傅斯年圖書館；民國五年（一九一六）周鍾游《文學津梁》本《文則》，係以宋世犖《台州叢書》本《文則》爲底本重刊，原書藏「國立中央圖書館」；一九二二年覆刊明萬曆年間寶顔堂秘笈本《文則》，原書藏臺北「中央研究院」歷史語言研究所傅斯年圖書館。又有商務印書館王雲五主編《萬有文庫》本《文則》（一九三七年十二月初版，一九三九年九月簡編印行），二十世紀五十年代以來新版《文則》主要有王利器校點本（收入郭紹虞、羅根澤主編《中國古典文學理論批評專著選輯》，與宋人李塗《文章精義》合訂爲一册，人民文學出版社一九六〇年四月版，後有重印），此本「以清《台州叢書》重刊《文則》爲底本，校以元至正己亥（一三五九）陶宗儀刻本（簡稱元本），明弘治己酉（一四八九）山陰陳哲刻本（簡稱明弘治本），萬曆間甬東屠本畯梓本（簡稱屠本），寶顔堂秘笈本（簡稱秘笈本），及宋世犖校記引陳本，整理出版」[三]。就校勘而言，王本做得較好，然而就《台州叢書》體式而言，王本未遵守原書分爲上、下二卷，而是參照「元本、明弘治本及屠本都不分卷」，亦不分卷[四]。此外還有蔣祖詒《文則》（稱爲「小説形式的文論語法修辭知識」，安徽黄山書社一九八六年十月版），劉彦成《文則注譯》（書目文獻出版社一九八八年二月版），張岱年主編《傳世藏書》本《文則》（海南國際出版中心一九九六年版）等等。

本次整理，以清邑人宋世犖嘉慶二十二年（一八一七）刻本《文則》（係宋世犖編纂《台州叢書》甲集之一時收台州先賢遺著，爲「臨海宋氏開雕」之初印本，藏浙江省臨海市博物館）爲底本，以清文淵閣《四庫全書》本（簡稱四庫本）、《叢書集成》初編本《文則》（簡稱叢書集成本）、《萬有文庫》本《文則》（第一二集簡編五百種，王雲五主編，簡稱萬有文庫本。叢書集成本《文則》與萬有文庫本《文則》實屬同一版本，故書中校勘時除少數之處以兩本對校外，僅取其中一種對校)、今人王利器《文則》校點本(人民文學出版社一九九八年五月重印,簡稱王本)、蔡宗陽《陳騤〈文則〉新論》(《新論》本所見《文則》各種元明清版本甚爲珍貴,其校勘記亦具史料價值,自當作校勘之用。然其書排版亦有新誤,似屬校對未精所致)爲參校本,個別之處以《傳世藏書》本《文則》參校。

一、前賢著作有自注之體,《文則》亦然。正文用大字,原刻本自注以小字附於正文間,校點時悉遵原樣,惟將原本雙行小字改成單行而已。

二、校勘時凡底本文字通順者均不出校。底本與校本文字出現不同者,則必出校記,説明相異情況。

三、凡底本文字模糊不清、或版有殘缺者,則據諸校本文字校正補充,并出校勘記説明。

四、底本文字與校本出現異文者,視情況處理:凡屬於異體字(即音義全同、止是寫法不同之字)者,一般不出校,并保留原貌。對於少數較罕見之異體字、俗體字、古字等,在不影響文義之下,除極少量改成通行文字外,亦儘量保留原貌。

五、底本中以避諱而改之字,則視情況區別處理:由缺筆避諱者,如「丘」字缺倒數第二筆、「胤」字缺末筆、「玄」字缺末筆等等,一律回改,出校記説明;若校本避諱與底本不同者,亦於校記中交代之。由改字避諱者,如「邦」改成「國」,「民」改成「人」,「玄」改成「元」等等，一般不改，出校記説明理由。由空圍「□」和空字避諱者，均保留原貌不改；出校記説明。由「某某嫌名」等注文説明避諱者，亦保留原貌，出校記説明。

六、雕板文字有形近數字混而不辨者，如「已」、「己」、「巳」常不加分別；「戍」、「戌」不分，常以「戍」代「戌」，是其著例；復如從「竹」從「艸」之字往往迭出，「筶」又作「菩」，「等」又作「荨」之類；從「扌」從「木」每每混用，如「搆」又作「構」，「括」又作「栝」之類。此次校點時遇「已」、「己」、「巳」，則以上下文意斷而分之。遇「戍」、「戌」相混時，則於開始時以校勘記説明之。其餘之混而不甚分別之習慣寫法、俗體之字，凡不礙於文義解讀者則概予保留，以存原貌。

七、底本與校本文字有脱衍者，則必出校勘記説明。

因校點者學殖淺薄，疏誤難免，方家通人，有以教正是幸！

胡正武謹識

庚寅年臘月書於臨海靈江之濱菊筠齋

【注】

［一］見王利器本《校點後記》，王氏云：「《陳騤所著《文則》，是最早的一部談文法修辭的專書。」「陳

駮此書，係就『《詩》、《書》、二《禮》、《易》、《春秋》所載，（左）丘明（公羊）高（穀梁）赤所傳，老、莊、孟、荀之徒所著』，鈎稽歸納，釐爲若干條，分别繫於甲、乙、丙、丁、戊、己、庚、辛、壬、癸十項。雖以事出創造，不無瑕疵，但可供借鑒的地方不少。」

〔二〕見劉彦成《文則注譯》前言，劉氏以爲「該書以六經諸子的文章爲範例，廣泛地研討了辭章理論問題，提出了不少創見，奠定了古代辭章學的理論基礎，是一份珍貴的文化遺産」。

〔三〕〔四〕見王利器本《校點後記》。

目録

重刊文則序

文林郎陝西鳳翔府扶風縣知縣宋世犖撰

《堯典》、《舜典》，經點竄以文成；遬馬遬車[一]，詑擬摹而句就。畫葫蘆之樣，未免雷同；刻楮葉之形，難期月異。所以貴出於己[二]，勿矜獺祭之工；羞傍於人，斯免虎蒙之誚也。然而薰香摘艷，首重別裁；鰲殿螭均[三]，尤嚴體要。如吾鄉宋陳參政騤《文則》之作，抑亦操觚之定律，珥筆之初桄乎？世犖幼睹是書於同邑陳桂里處士文熙處[四]，輒鈔一册弆之篋笥。洎官關中，適郭石齋秀才叶寅以鈔本見寄，亟付棗梨。既而兒子曾畇以舊鈔册至，則較郭本爲賅，而剞工已半，難於重梓，因另爲校語，付之帙末。憶往歲埋頭典籍，尚涯涘之未窺；媿今茲眯目簿書，并校讎之尠暇。所幸拾前人之賸馥，勿任塵埋；尚冀逮後學以知津，共依鍼指。時嘉慶二十又二年歲在丁丑秋九月四日。

【校勘記】

[一] 遬馬遬車：遬字原作「遾」，蓋傳寫異體。《字彙補》：「同御」。

［二］己：原作「已」，雕版刻本「己」「已」「巳」三字形似，常混而不分。本書整理時均據上下文意加以區分。

［三］均：四庫本作「坳」。均爲異體字，《龍龕手鑑·土部》：「均，舊《藏》作坳。」

［四］文熙：原作「文煛」，據《傳世藏書》本改。

序[一]

余始冠[二]，游泮宫，從老於文者問焉，僅得文之端緒。後三年入成均，復從老於文者問焉，僅識文之利病。彼老於文者有進取之累，所有告於我，與夫我所得，唯利於進取。後四年竊第而歸，未獲從仕，凡一星終，得以恣閱古書，始知古人之作，嘆曰文當如是！且《詩》、《書》、二《禮》、《易》、《春秋》所載，邱明、高、赤所傳，老、莊、孟、荀之徒所著，皆學者所朝夕諷誦之文也。徒諷誦而弗考，猶終日飲食而不知味。余竊有考焉[三]，隨而録之，遂盈簡牘。古人之文，其則著矣，因號曰「文則」。或曰：「方今宗工鉅儒[四]，濟濟盈庭，下筆語妙天下，雖與日月爭光可也。奚以吾子《文則》爲？」余曰[五]：「蓋將所以自則也。如示人以爲則，則吾豈敢？」乾道庚寅正月既望天台陳騤[六]。

【校勘記】

[一] 序：萬有文庫本、叢書集成本、王利器本均作「文則序」。萬有文庫本、叢書集成本且在陳騤自序之前有明嘉興府知府趙瀛《刊文則序》一則，作序時間爲嘉靖戊申歲春元宵穀旦。於研究《文則》版本及其流傳諸項頗有史料價值，本書整理時移置於書後作爲附録。

［二］余：四庫本作「騤」。

［三］余竊有考焉：四庫本作「騤竊每有考焉」。

［四］工：四庫本作「匠」。

［五］余：四庫本作「騤」。

［六］乾道庚寅正月既望天台陳騤：四庫本無，當係四庫館臣編纂時所删。萬有文庫本、叢書集成本、王本「陳騤」後有「序」字。

文則卷之上[一]

宋臨海陳騤著[二]

甲　凡九條[三]

1 六經之道，既曰同歸；六經之文，容無異體。故《易》文似《詩》，《詩》文似《書》，《書》文似《禮》。《中孚》九二曰：「鳴鶴在陰，其子和之。我有好爵，吾與爾靡之。」使入《詩・雅》，孰别《爻辭》？《抑》二章曰：「其在于今，興迷亂于政。顛覆厥德，荒湛于酒，汝雖湛樂，從弗念厥紹，罔敷求先王，克共明刑。」使入《書・誥》，孰别《雅》語？《顧命》曰：「牖間南嚮，敷重蔑席，黼純，華玉仍几。西序東嚮，敷重底席，綴純，文貝仍几。東序西嚮，敷重豐席，畫純，雕玉仍几。西夾南嚮，敷重筍席，元紛純[四]，漆仍几。」使入《春官・司几筵》，孰别《命》語？

【校勘記】

[一] 文則卷之上：四庫本作「文則卷上共六十三則」。萬有文庫本、叢書集成本作「文則卷上」。

[二] 宋臨海陳騤著：萬有文庫本、叢書集成本均作「宋天台陳騤著」，王本無，蓋整理時刪去。如上文陳騤自序署名之例，陳騤自署里貫本作「天台陳騤」，台州叢書本改「天台」爲「臨海」，是宋世犖所爲。四庫本作「宋陳騤撰」。

[三] 凡九條：萬有文庫本無。

[四] 元：當作「玄」，係清人爲避聖祖玄燁（康熙皇帝）諱而改，萬有文庫本、叢書集成本、王本並已改作「玄」。

2　或曰[一]：「六經創意，皆不相師。」試探精微，足明詭說。《洪範》曰：「恭作肅，從作乂，明作哲，聰作謀，睿作聖。」[二]《小旻》五章曰：「國雖靡止，或聖或否。民雖靡膴，或哲或謀，或肅或艾。」此《詩》創意師于《書》也。鄭康成箋曰：「詩人之意，欲王敬用五事，以明天道。」[三]《儀禮》曰：「皇尸命工祝，承致多福，無疆于女，孝孫來女，孝孫使女，受禄于天，宜稼于田，眉壽萬年，勿替引之。」此少牢嘏辭。《楚茨》四章曰：「工祝致告，徂賚孝孫。苾芬孝祀，神嗜飲食。卜爾百福，如幾如式。」此《詩》創意師于《禮》也[四]。鄭康成箋云：「此皆嘏辭之意。」

【校勘記】

［一］本則文字，四庫本、萬有文庫本連上作一則。王本分開，按語曰：「『或曰』一條，原不分段，今據元本、明弘治本、屠本及宋世犖校記引陳本自爲一條，始與九數合。」宋世犖《〈文則〉校語附録》：「『六經之道』至『孰別命語』，陳本自爲一條。」今據以分段。

［二］《洪範》曰引文五句：四庫本引《洪範》作「睿作聖，明作哲，聰作謀，恭作肅，從作乂」。

［三］宋世犖《〈文則〉校語附録》：「或曰六經」至小注「以明天道」，陳本自爲一條。

［四］宋世犖《〈文則〉校語附録》「師于禮也」下有陳本小注：鄭康成箋云：「此皆嘏辭之意。」郭本無。今將宋世犖校語附録統一復歸原位，出校記説明。

3 夫樂奏而不和，樂不可聞；文作而不協，文不可誦，文協尚矣。是以古人之文發於自然，其協也亦自然；後世之文出于有意，其協也亦有意。《書》曰：「任賢勿貳，去邪勿疑。疑謀勿成，百志惟熙。」《易》曰：「乾剛坤柔，比樂師憂。臨觀之義，或與或求。」《禮記》曰：「元酒在室［一］，醴醆在户。粢醍在堂，澄酒在下。陳其犧牲，備其鼎俎。列其琴瑟，管磬鐘鼓。修其祝嘏，以降上神。與其先祖，以正君臣。以篤父子，以睦兄弟。以齊上下，夫婦有所。是謂承天之祜。」若此等語，自然協也。《書》曰：「無偏無黨，王道蕩蕩。無黨無偏，王道平平。」《詩》曰：「不明爾德，時無背無側。爾德不明，以無陪無卿。」二者皆倒上句，又協之一體。揚雄《法言》曰：「堯舜之道皇兮，夏殷周之道將兮，而以延其光兮。」讀之雖協，而典誥之氣索然矣。

【校勘記】

［一］元酒：元當作「玄」，係清人避康熙帝玄燁諱而改，四庫本作「玄」缺末筆。萬有文庫本、叢書集成本、王本均已改爲「玄」。

4 且事以簡爲上，言以簡爲當。言以載事，文以著言，則文貴其簡也。文簡而理周，斯得其簡也。讀之疑有闕焉，非簡也，疏也。《春秋書》曰：「隕石于宋五。」《公羊傳》曰：「聞其磌然，視之則石，察之則五。」《公羊》之義，經以五字盡之，是簡之難者也。劉向載泄冶之言曰：「夫上之化下，猶風靡草。東風則草靡而西，西風則草靡而東，在風所由，而草爲之靡。」此用三十有二言而意方顯。及觀《論語》曰：「君子之德風，小人之德草，草上之風必偃。」此減泄冶之言半而意亦顯。又觀《書》曰：「爾惟風，下民惟草。」此復減《論語》九言而意愈顯，吾故曰是簡之難者也。《書》曰：「能自得師者王，謂人莫已若者亡。」劉向載楚莊王之言曰：「其君賢者也［二］，而又有師者王。其君下君也，而群臣又莫若君者亡。」［三］語意煩簡殊迴，不如是，何以別經傳之文？

【校勘記】

[一] 其君賢者：四庫本作「其君賢君」。

[二] 莫若君者：四庫本作「莫君若者」。

5 文之作也，以載事爲難。事之載也，以蓄意爲工。觀《左氏傳》載晉敗于邲之事[一]，但云「中軍下軍争舟，舟中之指可掬」，則攀舟亂刀斷指之意自蓄其中。又載楚師寒拊勉之事，但云「三軍之士皆如挾纊」，則軍情愉悦之意自蓄其中。《公羊傳》載秦敗于殽之事，但云「匹馬隻輪無反者」，則要擊之意自蓄其中。若《公羊傳》載齊使人迓郤克臧孫之事，則曰「客或跛或眇，齊使跛者迓跛者[二]，眇者迓眇者[三]」。《孟子》載天下歸舜之事，則曰「天下諸侯朝覲者不之堯之子而之舜，訟獄者不之堯之子而之舜，謳歌者不謳歌堯之子而謳歌舜」。凡此則意随語竭，不容致思。

【校勘記】

[一] 觀《左氏傳》載晉敗于邲之事：四庫本「之事」下還有「先濟者賞」四字。

[二] 齊：四庫本作「于是」。

[三] 上「眇者」：四庫本「眇」字上有「使」字。

6 《詩》《書》之文，有若重復而意實曲折者。《詩》曰：「云誰之思？西方美人。彼美人兮，西方之人兮。」此思賢之意自曲折也。又曰：「自古在昔，先民有作。」此考古之意自曲折也。《書》曰：「眇眇予末小子。」此謙託之意自曲折也。又曰：「孺子其朋，孺子其朋其往。」告戒之意自曲折也[一]。

【校勘記】

[一] 四庫本、萬有文庫本、叢書集成本「告戒」前有「此」字，與前三例句式相同。王本校點者按：「元本、明弘治本、屠本、秘笈本，句首有『此』字。」當據補。

7 文有意相屬而對偶者，如「發彼小豝，殪此大兕」、「誨爾諄諄，聽我藐藐」、「故謀用是作，而兵由此起」。有事相類而對偶者，如「威侮五行，怠棄三正」、「佑賢輔德，顯忠遂良」。此皆混然而成，初非有意媲配。凡文之對偶者，若此則工矣。

8 古人之文，用古人之言也。古人之言，後世不能盡識，非得訓切，殆不可讀。如登崤險，一步九歎。既而强學焉，搜摘古語，撰叙今事，殆如昔人所謂「大家婢學夫人，舉止羞澀，終不似真也」。今取在當時爲常語，而後人視爲艱苦之文。如《周禮》曰：「犬赤股而躁，臊；烏皫色而沙鳴，貍；豕盲眂而交睫，腥；馬黑脊而般臂，螻。」《詩》曰：「游環脅驅，陰靷鋈續。」又曰：「鉤膺鏤錫，鞹鞃淺幭。」《莊子》曰：「乃始臠卷傖囊而亂天下也。」《荀子》曰：「按角鹿埵隴種東籠而退耳[一]。」《詩》、《禮》之義，先儒注解備見。若《莊子》言臠卷，不申舒之貌[二]。傖囊，猶搶攘也。《荀子》所言，皆兵摧敗披靡之貌也。

【校勘記】

[一] 埵：四庫本作「埵」，似較合理，可從。劉彦成《文則注譯》引清人劉台拱云：「『鹿埵』上『角』字，涉上而誤衍。」（上句爲「觸之者角摧」）并引嘉善謝氏校本作「鹿埵」，唐楊倞注：「鹿埵，垂下之貌，如禾實垂下然。」鹿埵、隴種、東籠並爲雙聲聯綿詞，均爲有氣無力之貌，故唐楊倞云：「皆摧敗披靡之貌。」埵之誤作「埵」，是因爲「乘」字手書與「垂」字近似而譌。蔡宗陽《新論》本校註云：「引文中『埵』，《至正》本作『埵』，《寶顔堂》、《享保》、《詒經堂》、《台州》、《津梁》各本皆作『埵』；今據《荀子》原文作『埵』，以《至正》本爲是。」

[二] 四庫本「臠卷」之前有「《詩》、《禮》之義，先儒注解備見。若《莊子》言」。宋世犖《〈文則〉校語附録》「東籠而退耳」下陳本小注亦有相應注文，較爲完整，今據以復原。

9 大抵文士題命篇章，悉有所本。自孔子爲《書》作序，孔子《書序》總爲一篇，孔安國各分繫之篇首[一]。文遂有序。自孔子爲《易·説卦》，文遂有説。柳宗元《天説》之類。自有《曾子問》、《哀公問》之類，文遂有問。屈原《天問》之類。自有《考工記》、《學記》之類，文遂有記。自有《經解》、《王言解》之類，《王言解》見《家語》。文遂有解。韓愈《進學解》之類。自有《辯政》、《辯物》之類，二《辯》見《家語》。文遂有辯。宋玉《九辯》之類。自有《樂論》、《禮論》之類，二《論》見《荀子》。文遂有論。賈誼《過秦論》之類。自有《大傳》、《間傳》之類[二]，二《傳》見《禮記》。文遂有傳。

【校勘記】

[一] 四庫本有陳騤自注：「孔子《書序》總爲一篇，孔安國各分繫之篇目。」萬有文庫本、叢書集成本皆有之，王本校語云：「元本、明弘治本、屠本，此句下有注云：『孔子《書序》，總爲一篇，孔安國各分繫之篇首。』宋世犖《校記》引陳本亦有此注，唯少『孔子』二字。」四庫本陳注中「篇目」之「目」，宋世犖《〈文則〉校語附録》作「首」，萬有文庫本、叢書集成本均作「首」，是。

[二] 間傳：四庫本、《新論》本作「小傳」。蔡氏《新論》校語云：「『小傳』宜作『間傳』，今據《禮記》第三十七篇係『間傳』，檢視《禮記》四十九篇無以『小傳』作篇名，再檢視《大戴禮記》篇名，也沒有以『小傳』作篇名。因此原作『小傳』誤。」

乙　凡六條

1　文有助辭，猶禮之有儐，樂之有相也。禮無儐則不行，樂無相則不諧，文無助則不順。唐有杜溫夫者，爲文不識助辭，疑之之辭如「耶」、「乎」之類，決之之辭如「耳」、「矣」之類，皆一用之。柳宗元所以深言其病，可不知哉？[一]《檀弓》曰：「勿之有悔焉耳矣。」《孟子》曰：「寡人盡心焉耳矣。」《檀弓》曰：「我弔也與哉？」《左氏傳》曰：「獨吾君也乎哉？」凡此一句而三字連助，不嫌其多也。《左氏傳》曰：「其有以知之矣。」又曰：「其無乃是也乎！」此二者，六字成句而四字爲助，亦不嫌其多也。《檀弓》曰：「南宮縚之妻之姑之喪。」《樂記》曰：「不知手之舞之，足之蹈之也。」凡此不嫌用「之」字爲多。《禮記》曰：「言則大矣美矣盛矣！」此不嫌用「矣」字爲多。《檀弓》曰：「美哉奐焉！」《論語》曰：「富哉言乎！」凡此四字成句而助辭半之，不如是，文不健也。司馬長卿《封禪文》曰：「遐哉邈乎！」此雖知助辭，而遐、邈同義，又失之矣。[二]《左氏傳》曰：「美哉，泱泱乎大風也哉！表東海者，其太公乎，國未可量也！」此文每句終用助，讀之殊無齟齬艱辛之態。《左氏傳》曰：「以三軍軍其前。」欲見下「軍」字有陳列之意，則當用「其」字爲有力。《公羊傳》曰：「勇士入其大門[三]，則無人門焉者。」欲見下「門」字有守禦之意，則當用「焉」「者」字爲有力。

【校勘記】

［一］此處陳騤自注，四庫本、萬有文庫本有，宋世犖《〈文則〉校語附録》後據所得郭協寅本補於文末，今予復原。

［二］此處四庫本有陳騤自注，今予復原。

［三］勇士：原無，四庫本有「勇士」二字，《公羊傳・宣公六年》原文也有「勇士」二字，因據補。

2 倒言而不失其言者，言之妙也；倒文而不失其文者，文之妙也。文有倒語之法，知者罕矣。《春秋書》曰：「吴子遏伐楚，門于巢，卒。」《公羊傳》曰：「門于巢卒者何？入門乎巢而卒也［一］。」然夫子先言門，後言于巢者，於文雖倒，而寓意深矣。何休曰：「吴子欲伐楚，過巢，不假塗。卒暴入巢門，門者以爲欲犯巢而射殺之。君子不怨所不知［二］，故與巢得殺之。若吴爲自死文［三］，所以彊守禦也。」仲山甫誠歸于謝，《詩》則曰：「謝于誠歸。」隱，盜所得器。《左氏傳》則曰：「盜所隱器。」於義皆不害也。《禹貢》曰：「厥篚元纖縞［四］。」又曰：「雲土夢作乂。」用「纖」字不在「元」上，「土」字不在「夢」下，亦一倒法也。司馬遷作《夏本紀》，改曰「雲夢土作乂」，烏足與知此。

【校勘記】

［一］入門乎巢而卒也：《新論》本改作「入巢之門而卒也」。蔡宗陽校註云：「《春秋》、《公羊傳》引

文，皆見魯襄公二十五年。《公羊傳》引文中的『入門乎巢』，原作『入巢之門』，今據《公羊傳》原文及《寶顔堂》、《享保》、《詒經堂》、《四庫》、《台州》各本改。」然今查《公羊傳》原文作：「門于巢卒者何？入門乎巢而卒也。入門乎巢而卒者何？入巢之門而卒也。」

〔二〕「君子」句：底本無，據四庫本補。

〔三〕四庫本「若」前有一「使」字。

〔四〕元：當作「玄」。

3 字有偏旁，故文有取偏旁以成句；字有音韻，故文有取音韻以成句，皆所以明其義也。《周禮》曰：「五人爲伍。」《中庸》曰：「誠者自成也。」《孟子》曰：「征之爲言正也。」《莊子》曰：「庸也者用也。」《檀弓》曰：「夫祖者且也。」《祭統》曰：「銘者自名也。」《表記》曰：「仁者人也。」凡此皆取偏旁者也。《鄉飲酒義》曰：「秋之爲言愁也。」又曰：「冬者中也。」《易》曰：「嗑者合也。」《樂記》曰：「樂者樂也。」《孟子》曰：「校者教也。」《揚子》曰：「禮以體之。」凡此皆取音韻者也。

4 夫文有病辭、有疑辭。病辭者，讀其辭則病，究其意則安。如《曲禮》曰：「猩猩能言，不離禽獸。」《繫辭》曰：「潤之以風雨。」蓋「禽」字於猩猩爲病，「潤」字於風爲病也。說者曰：「凡可擒者皆謂之禽。《大宗伯》以禽作六摯而羔在其中。凡物氣和則潤生，言潤則風之，和可知矣。」[一]疑辭者，讀其辭則疑，究其意則斷。如《何彼穠矣》曰：「平王之孫。」《檀弓》曰：「容居魯人也。」蓋平王疑爲東遷之平王，魯人疑爲魯國之人也。毛萇傳云：「平，正也。指文王，言能正天下之王也。」鄭康成云：「魯，鈍也。」[二]凡觀此文，可不深考？

【校勘記】

[一] 此處四庫本有陳騤自注，宋世犖《〈文則〉校語附録》補於文末，今予復原。

[二] 此處四庫本有陳騤自注，宋世犖《〈文則〉校語附録》補於文末，今予復原。

5 辭以意爲主，故辭有緩有急，有輕有重，皆生乎意也。范宣子曰[一]：「吾淺之爲丈夫也。」則其辭緩。景春曰：「公孫衍、張儀豈不誠大丈夫哉？」則其辭急。「狼瞫於是乎君子」，則其辭輕。「子謂子賤君子哉若人！」則其辭重。

【校勘記】

[一] 范宣子：底本作「韓宣子」，據四庫本改。

6　文有雖成一家，而有已經雕斲與其否者。且《左氏傳》前載辛伯諫曰：「並后匹嫡，兩政耦國。」後載狐突諫曰：「昔辛伯諗周桓公云：『内寵並后，外寵二政，嬖子配適，大都耦國。』」則知前載已雕斲，而後載否矣。《内傳》曰：「所謂生死而肉骨也。」《外傳》曰：「緊起死人而肉白骨也。」則知《内傳》雕斲，而《外傳》否矣。

丙　凡四條

1　《易》之有象，以盡其意。《詩》之有比，以達其情。文之作也，可無喻乎？博采經傳，約而論之，取喻之法，大概有十。略條于後：

一曰直喻。或言猶，或言若，或言如，或言似，灼然可見。《孟子》曰：「猶緣木而求魚也。」《書》曰：「若朽索之馭六馬。」《論語》曰：「譬如北辰。」《莊子》曰：「凄然似秋。」此類是也。

二曰隱喻。其文雖晦，義則可尋。《禮記》曰：「諸侯不下漁色。」國君内取國中[一]，象捕魚然。中網取之，是無所擇。《國語》曰：「没平公軍無秕政。」[二]秕，穀之不成者，以喻政。又曰：「雖蝎譖，焉避之？」蝎，木虫，譖從中起，如蝎食木，木不能避也。《左氏傳》曰：「是豢吴也夫。」若人養犧牲。《公羊傳》曰：「其諸爲其雙，雙而俱至者與！」言齊高固及子叔姬來，其雙行匹至似獸[三]。《山海經》有獸名雙雙。此類是也。

三曰類喻。取其一類，以次喻之。《書》曰：「王省惟歲，卿士惟月，師尹惟日。」[四]歲、月、日一類也。賈誼《新書》曰：「天子如堂，群臣如陛，衆庶如地。」堂、陛、地一類也，此類是也。

四曰詰喻。雖爲喻文，似成詰難。《論語》曰：「虎兕出于柙，龜玉毁于櫝中，是誰之過歟？」《左氏傳》曰：「人之有牆，以蔽惡也，牆之隙壞，誰之咎也？」此類是也。

五曰對喻。先比後證，上下相符。《莊子》曰：「魚相忘乎江湖，人相忘乎道術。」《荀子》曰：「流丸止於甌臾，流言止於智者。」此類是也。

六曰博喻。取以爲喻，不一而足。《書》曰：「若金用汝作礪，若濟巨川用汝作舟楫，若歲大旱用汝作霖雨。」《荀子》曰：「猶以指測河也，猶以戈舂黍也，猶以錐飧壺也。」此類是也。

七曰簡喻。其文雖略，其意甚明。《左氏傳》曰：「名，德之輿也。」《揚子》曰：「仁，宅也。」此類是也。

八曰詳喻。須假多辭，然後義顯。《荀子》曰：「夫耀蟬者，務在其明乎火[五]，振其樹而已。火不明，雖振其樹無益也。今人主有能明其德，則天下歸之，若蟬之歸明火也。」此類是也。

九曰引喻。援取前言，以證其事。《左氏傳》曰：「諺所謂『庇焉而縱尋斧焉』者也。」《禮記》曰：「蛾子時術之，其此之謂乎！」此類是也。

十曰虛喻。既不指物，亦不指事。《論語》曰：「其言似不足者。」《老子》曰：「飂兮似無所止。」此類是也。

【校勘記】

［一］四庫本、《新論》本「國」字前有「謂」字。

［二］没：四庫本作「歿」。

［三］此句四庫本作「其雙雙行匹至似於鳥獸」。

［四］四庫本引《書》作「王省惟歲，師尹惟日，卿士惟月」。下「歲、月、日一類也」亦作「歲、日、月一類也」。此言引自《尚書·洪範》，其原文「師尹惟日」亦未居「卿士惟月」之前，《洪範》下文復有「五紀」之政説：「一曰歲，二曰月，三曰日，四曰星辰，五曰曆數。」亦可見「歲、月、日」爲序之爲是。

［五］其明乎火：原作「乎明其火」，據四庫本改。

2 凡伯刺厲之詩［一］，而曰「先民有言」，《板》三章曰：「先民有言，詢于芻蕘。」鄭康成云：「此古賢者有言也。」吉甫美宣之詩，而曰「人亦有言」。《烝民》五章曰：「人亦有言，柔則茹之，剛則吐之。」此亦謂前人有言如此。允侯之征，乃舉《政典》。《政典》曰：「先時者殺無赦，不及時者殺無赦。」孔安國云：「政典，夏后爲政之典籍。」盤庚之告，亦載遲任。遲任有言曰：「人惟求舊，器非求舊，惟新。」孔安國云：「遲任，古賢人。」或稱古人言，《秦誓》曰：「古人有言曰：『撫我則后，虐我則讎。』」此類是也。或稱我聞曰[二]，《康誥》曰：「我聞曰：『怨不在大，亦不在小。』」此類是也。是皆有所援引也。《詩》、《書》而降，傳記籍籍，援引之言，不可具載。且左氏採諸國之事以爲經傳，戴氏集諸儒之篇以成禮志，援引《詩》、《書》，莫不有法。推而論之，蓋有二端：一以斷行事，二以證立言。二者又各分三體，略條于後。

《左氏傳》載：「《詩》曰『自詒伊慼』，其子臧之謂矣。」此獨引《詩》以斷之，是一體也。此體多矣[三]。

《左氏傳》載：「《詩》曰『于以采蘩，于沼于沚。于以用之，公侯之事』。秦穆有焉。『夙夜匪懈，以事一人』。孟明有焉。『貽厥孫謀，以燕翼子』。子桑有焉。」此各引《詩》以合斷之，是二體也。《表記》載：「《詩》曰『莫莫葛藟，施於條枚。豈弟君子，求福不回。』其舜禹文王周公之謂與！」此又一《詩》總斷之體也。

《國語》載：「《詩》曰『其類維何？室家之壼。君子萬年，永錫祚允』[四]。類也者，不忝前哲之謂也。壼也者，廣裕民人之謂也。萬年也者，令聞不忘之謂也。祚允也者，子孫蕃育之謂也。單子朝夕不忘成王之德，可謂不忝前哲矣。膺保明德以佐王室，可謂廣裕民人矣。若能類善物以混厚民人者，必有章譽蕃育之祚，則單子必當之矣。」此既引《詩》文，又釋其義以斷之，是三體也。

【校勘記】

［一］刺厲：原作「刺厲」。萬有文庫本、王本、《新論》本皆作「刺厲」，因據改。

［二］「或稱我聞曰」及其下陳騤自注底本無，四庫本等有，宋世犖《〈文則〉校語附録》補於文末，今據補。

［三］底本無此陳騤自注，四庫本、萬有文庫本、《新論》本有，宋世犖《〈文則〉校語附録》補於文末，今據補。

［四］允，當作「胤」，係清人避世宗胤禛之諱而改。

《大學》載：「《康誥》曰：『克明德。』《太甲》曰：『顧諟天之明命。』《帝典》曰：『克明峻德。』皆自明也[二]。《湯之盤銘》曰：『苟日新，日日新，又日新。』《康誥》曰：『作新民。』《詩》曰：『周雖舊邦，其命惟新。』是故君子無所不用其極。」此則采總群言以盡其義，是一體也。

《緇衣》曰：「好賢如《緇衣》，惡惡如《巷伯》。則爵不瀆而民作愿，刑不試而民咸服。《大雅》曰：『儀刑文王，萬邦作孚。』」此則言終引證，是二體也。《孝經》諸篇悉用此體。

《左氏傳》曰：「《周書》所謂『庸庸祇祇』者，謂此物也夫！又曰：《太誓》所謂『商兆民離周，十人同者，衆也』。」此乃斷析本文以成其言，是三體也。

【校勘記】

[一] 皆自明也：四庫本無。

3 夫取《詩》即云《詩》，取《書》即云《書》，蓋常體也。觀以《康誥》爲先王之令[一]，《國語》稱先王之令曰：「天道賞善而罰淫[二]，故凡我造國[三]，無從匪彝。」此引《湯誥》文[四]。以《周書》爲西方之書，《國語》稱西方之書，蓋《逸周書》。韋昭云：「《詩》言『西方之人兮』，則西方爲周也[五]。」以咸有一德爲《尹告》，《禮記》稱《尹告》曰：「惟尹躬暨湯，咸有一德。」康成云：「尹告，伊尹之誥。」以《大禹謨》爲《道經》，《荀子》稱《道經》曰：「人心惟危，道心惟微。」楊倞云：「此在《虞書》，曰《道經》者，言有道之經也。」不曰《仲虺之誥》而曰《仲虺之志》，《左氏傳》曰：「《仲虺之志》云：『亂者取之，亡者侮之。』」不曰《五子之歌》而曰《夏訓》有之。《左氏傳》曰：「夏訓有之，有窮后羿。」直言《鄭詩》、《曹詩》，《國語》稱《鄭詩》曰：「仲可懷也。」又稱《曹詩》曰：「彼其之子，不遂其媾。」止稱汋曰武曰，《左氏傳》：「汋曰：於鑠王師。武曰：無競惟烈。」或稱芮良大，《左氏傳》曰：「周芮良夫之詩曰：大風有隧，貪人敗類。」或稱周文公，《國語》曰：「周文公之頌曰：載戢干戈，載櫜弓矢。」指《那頌》卒章爲亂辭，《國語》曰：「其戢之亂曰：自古在昔，先民有作。」韋昭云：「凡作篇章，義既成，撮其大要以爲亂辭。」摘《小宛》首章爲篇目，《國語》曰：「秦伯賦《鳩飛》。」韋昭云：「《小宛》之首章『宛彼鳴鳩，翰飛戾天』是數章之末章既謂之卒章，《左氏傳》曰：「賦《緑衣》之卒章。」此類是也。一章之末句亦謂之卒章。《左氏傳》曰：「作《武員》卒章曰：耆定爾功。」凡此似亦略施雕琢，少變雷同。作者考焉，毋誚無補。

【校勘記】

［一］康：四庫本作「湯」。《新論》本蔡氏校註云：「《康誥》，宜作《湯誥》，依上下文意及《四庫》改。」然其正文中并未改。

［二］賞善而罰淫：四庫本作「福善禍淫」，蓋爲鈔胥筆誤，不可從。

［三］國：四庫本作「邦」，是。以邦爲國，係避漢高祖劉邦諱。

［四］引：萬有文庫本作「成」，四庫本作「皆」。

［五］爲：四庫本作「謂」。

4《左氏傳》載諸國燕饗賦詩之事，但云「賦某詩」，或云「賦某詩之卒章」，皆不載詩文，而意自具。其曰「賦《棠棣》之七章以卒」，則知賦七章已卒盡八章也［一］。其曰「在《揚水》卒章之四言矣」，則知取「我聞有命」也。《左氏》於此等文最爲得體。

【校勘記】

［一］已：四庫本、《新論》本作「以」。

丁　凡八條

1　文有上下相接若繼踵然，其體有三：其一曰叙積小至大。如《中庸》曰：「能盡其性，則能盡人之性；能盡人之性，則能盡物之性；能盡物之性，則可以贊天地之化育[一]；可以贊天地之化育[二]，則可以與天地參矣[三]。」此類是也。其二曰叙由精及粗。如《莊子》曰：「古之明大道者先明天，而道德次之；道德已明，而仁義次之；仁義已明，而分守次之；分守已明，而形名次之；形名已明，而因任次之；因任已明，而原省次之；原省已明，而是非次之；是非已明，而賞罰次之。」此類是也。其三曰叙自流極原，如《大學》曰：「古之欲明明德於天下者，先治其國；欲治其國者，先齊其家；欲齊其家者，先修其身；欲修其身者，先正其心；欲正其心者，先誠其意；欲誠其意者，先致其知。」此類是也。

【校勘記】

[一] 可以：四庫本、《新論》本作「能」，蔡宗陽校註云：「『能』字，宜作『可以』，今據《禮記》原文及《寶顔堂》、《亨保》、《詒經堂》、《台州》、《津梁》各本改。」

[二] 可以：四庫本、《新論》本脱。蔡宗陽校註云：「『贊』字上，原闕『可以』，《四庫》亦闕；今據《禮

記》原文及《寶顔堂》、《享保》、《詒經堂》、《台州》、《津梁》各本補。」

［三］可以：四庫本作「可」。

2 文有交錯之體，若纏糾然，主在析理，理盡後已。《書》曰：「念兹在兹，釋兹在兹。名言兹在兹，允出兹在兹。」《莊子》曰：「有始也者，有未始有始也者，有未始有夫未始有始也者。」又曰：「以指喻指之非指，不若以非指喻指之非指也。」《荀子》曰：「不利而利之，不如利而後利之之利也。利而後利之，不如利而不利者之利也。」《國語》曰：「成人在始與善，始與善，善進善，不善蔑由至矣。始與不善，不善進不善，善亦蔑由至矣。」《穀梁》曰：「人之所以爲人者，言也。人而不能言，何以爲人？言之所以爲言者，信也。言而不信，何以爲言？信之所以爲信者，道也。信而不道，何以爲信［一］？」此類多矣，不可悉舉。然取《莊子》而法之，則文斯邃矣。

【校勘記】

［一］何以爲信：四庫本、《新論》本作「何以爲道」，《穀梁傳》原文亦作「何以爲道」。

3 載事之文，有上下同目之法，謂其事斷可書，其人斷可美也。如《論語》載孔子之美禹顔，子曰：「禹吾無間然矣，菲飲食而致孝乎鬼神云云，禹吾無間然矣」。又曰：「賢哉回也！一簞食，一瓢飲云云，賢哉回也[一]。」《戴禮》之記文王、周公，《文王世子》篇曰：「文王之爲世子也，朝於王季日三云云，文王之爲世子也。」又曰：「昔者周公攝政踐阼而治[二]，抗世子法於伯禽，所以善成王也云云，周公踐阼。」《公羊》之傳孔父、仇牧、荀息，《公羊傳》曰：「孔父可謂義形於色矣。」又曰：「仇牧可謂不畏彊禦矣[三]。」又曰：「荀息可謂不食其言矣。其義形於色，奈何督將弒殤公？孔父生而存，則殤公不可得而弒也云云，孔父可謂義形於色矣。其不畏彊禦奈何？萬嘗與莊公戰，獲乎莊公云云，仇牧可謂不畏彊禦矣。其不食其言奈何？奚齊卓子者驪姬之子也，荀息傅焉云云，荀息可謂不食其言矣。」皆其法也。

【校勘記】

[一]「又曰」句：諸本均屬陳騤自注文字，而《新論》本屬之《文則》正文。

[二] 阼：四庫本、《新論》本作「祚」。下句「周公踐阼」之「阼」字同。

[三] 仇牧可謂不畏彊禦矣：《新論》本「矣」字作「奈何」。

4　數音所人行事，其體有三：或先總而後數之，如孔子謂「子産有君子之道四焉：其行己也恭，其事上也敬，其養民也惠，其使民也義。」此類是也。或先數之而後總之，如子産數鄭公孫黑曰：「爾有亂心無厭，國不女堪。專伐伯有，而罪一也。昆弟爭室，而罪二也。薰隧之盟，女矯君位，而罪三也。有死罪三，何以堪之？」此類是也。或先既總之而後復總之，如孔子言「臧文仲其不仁者三，不知者三。下展禽，廢六關，妾織蒲，三不仁也；作虛器，縱逆祀，祀爰居，三不知也。」此類是也。

5 載事之文，有先事而斷，以起事也；有後事而斷，以盡事也。如《左氏傳》欲載晉靈公厚斂雕牆，必先言「晉靈公不君」。《公羊傳》欲載楚靈王作乾谿臺，必先言「靈王爲無道」。《中庸》欲言舜好問而好察邇言[一]，亦先曰：「舜其大智也與[二]！」《孟子》欲言梁惠王以其所不愛及其所愛[三]，亦先曰：「不仁哉，梁惠王也！」若此類[四]，皆先斷以起事也。如《左氏傳》載晉文公教民而用，卒言之曰：「一戰而霸，文之教也。」又載晉悼公賜魏絳和戎樂，卒言之曰：「魏絳於是乎始有金石之樂，禮也。」若此類，皆後斷以盡事也。

【校勘記】

［一］四庫本「而」字下無「好」字。

［二］智：四庫本作「知」。　與：四庫本作「歟」。

［三］以其所不愛及其所愛：四庫本作「以其所愛及其所不愛」。

［四］類：四庫本作「流」。

6　載言之文，有不避重複。如《穀梁傳》載：麗姬故謂君曰：「吾夜者夢夫人趨而來曰：『吾苦畏，胡不使大夫將衛士而衛冢乎？』」故君謂世子曰：「麗姬夢夫人趨而來曰：『吾苦畏，女其將衛士而往衛冢乎？』」此不避重複一也。《家語》載魯公索氏將祭而忘其牲，孔子聞之曰：「公索氏不及二年而必亡[一]。」後一年而亡，門人問曰：「昔公索氏將祭而忘其牲，而夫子曰不及二年必亡[二]，今過期而亡。」此不避重複二也。《公羊傳》載陽處父諫曰：「射姑民衆不悦，不可使將。」於是廢將[三]。射姑入，君謂射姑曰：「陽處父言曰：『射姑民衆不悦，不可使將。』」此不避重複三也。及觀《檀弓》載子游曰：「昔者夫子居于宋，見桓司馬自爲石槨，三年不成，夫子曰：『若是其靡也，死不如速朽之愈也。』死之欲速朽，爲桓司馬言之也」云云。曾子以子游之言告於有子，然《檀弓》但云以子游之言，蓋避重複也。又《左氏傳》載晉師歸，郤伯見，公曰：「子之力也夫！」范叔見，勞之如郤伯。欒伯見，公亦如之。夫三述晉侯之語，固未爲害，而《左氏》兩變其文，蓋避重複也。

【校勘記】

[一] 必：四庫本、《新論》本作「後」。

[二] 必亡：四庫本無，蓋脱也。

[三] 此處四庫本有「陽處父出」四字。

7 載言之文，又有答問，若止及一事，文固不難；至于數端，文實未易，所問不言問，所對不言對，言雖簡略，意實周贍，讀之續如貫珠，應如答響。若《左氏傳》載楚望晉軍，問伯犂[一]，蓋得此也。至於問則屢稱何也，答則屢稱對曰，其文與意，有異《左氏》。若《樂記》載賓牟賈與孔子言樂，皆拘此也。二文具載，則可考矣。

王曰：「騁而左右，何也？」曰：「召軍吏也。」「皆聚於中軍矣。」曰：「合謀也。」「張幕矣。」曰：「虔卜於先君也。」「撤幕矣。」曰：「將發命也。」「甚囂且塵上矣。」曰：「將塞井夷竈而爲行也。」「皆乘矣，左右執兵而下矣。」曰：「聽誓也。」「戰乎？」曰：「未可知也。」「乘而左右皆下矣。」曰：「戰禱也。」曰：「夫武之備，戒之已久，何也？」對：「病不得其衆也。」「咏歎之，淫液之，何也？」對曰：「恐不逮事也。」「發揚蹈厲之已蚤，何也？」對曰：「及時事也。」「武坐致右憲左，何也？」對曰：「非武坐也。」「聲淫及商，何也？」對曰：「非武音也。」子曰：「若非武音，則何音也？」對曰：「有司失其傳也。」[二]

觀孟子與陳相答問許子之事曰：「許子必種粟而後食乎？」曰：「然。」「許子必織布而後衣乎？」曰：「否。許子衣褐。」「許子冠乎？」曰：「冠。」曰：「奚冠？」曰：「冠素。」曰：「自織之與？」曰：「否。以粟易之。」曰：「許子奚爲不自織？」曰：「害於耕。」曰：「許子以釜甑爨、以鐵耕乎？」曰：「然。」「自爲之與？」曰：「否。以粟易之。」此文但存「曰許子」，以下「許子」字皆可除。信乎答問之文爲難也。[三]

【校勘記】

［一］伯犂：四庫本作「伯州犂」。

［二］從「王曰」到「有司失其傳也」，底本原作正文，低一字雕刻，然并非夾注文字。萬有文庫本亦作正文，低一格排印。王本改成注文小字。《新論》本亦作正文，不低一格排印，與雕板原貌不同。今則改爲低兩字排版，以示區別。

［三］王本及四庫本有陳騤自注，宋世犖《〈文則〉校語附録》補於文末，今予復原。

8 文有目人之體，有列氏之體。《論語》曰：「德行：顔淵、閔子騫、冉伯牛、仲弓。言語：宰我、子貢。政事：冉有、季路。文學：子游、子夏。」此目人之體也，而揚雄、班固得之。揚子《法言》曰：「美行：園公、綺里季、夏黄公、角里先生。言辭：婁敬、陸賈。執正：王陵、申屠嘉。折節：周昌、汲黯。守儒：轅固、申公。災異：董相、夏侯勝、京房。」班固作《公孫弘傳》贊曰［一］：「儒雅則公孫弘、董仲舒、兒寬，篤行則石建、石慶，質直則汲黯、卜式，推賢則韓安國、鄭當時」云云。《左氏傳》曰：「殷民六族，條氏、徐氏、蕭氏、索氏、長勺氏、尾勺氏。」此列氏之體也，而莊周、司馬遷得之。《莊子》曰：「子獨不知至德之世乎？昔者容成氏、大庭氏、伯皇氏、中央氏、栗陸氏、驪畜氏」云云。司馬遷作《夏本紀》贊曰：「其後分封，用國爲姓，故有夏后氏、有扈氏、有男氏、斟尋氏、彤城氏、褒氏」云云。

【校勘記】

［一］公孫弘：弘原作「宏」，係避清高宗弘曆諱，今正。

戊　凡十條

1《禮記》之文始自后倉，成於戴聖，非純格言，間有淺語。如「掩口而對，毋投與狗骨，羹之有菜者，用挾男女相答拜也」、「癢不敢搔，衣裳綻裂」、「年未滿五十取婦之家，嫂不撫叔，叔不撫嫂」，若此等語，雖在曲防人情，然亦少施斲削。

2 商盤告民，民何以曉？然在當時用民間之通語，非若後世待訓詁而後明。且「顛木之有由蘖」，使晉、衛間人讀之，則「蘖」知爲餘也。「不能胥匡以生」，使東齊間人讀之，則「胥」知爲皆也。「欽念以忱」，使燕岱間人讀之，則「忱」知爲誠也。由此考之，當時豈不然乎？

3《詩》文待訓明者，亦本風土所宜。且「王室如燬」，使齊人讀之，則「燬」爲常語。「六日不詹」，使楚人讀之，則「詹」爲常語。燬，火也。齊人以火爲燬。詹，至也。楚人以詹爲至。

4《儀禮》，周家之制也，事涉威儀，文苦而難讀。《鄉黨》，孔門之記也，言關訓則，文婉而易觀。今略摘《儀禮》之文，證以《鄉黨》，昭然辨矣。

「執圭入門，鞠躬焉，如恐失之。」《鄉黨》曰：「執圭，鞠躬如也，如不勝。」「下階發氣，怡焉，再三舉足，又趨。」《鄉黨》曰：「出降一等，逞顔色，怡怡如也。没階趨，進，翼如也。」「及享，發氣焉，盈容。」《鄉黨》曰：「享禮有容色。」「賓出，公再拜送，賓不顧。」《鄉黨》曰：「賓退，必復命曰：賓不顧矣。」「若君賜之食，君祭先飯。」《鄉黨》曰：「侍食於君，君祭先飯。」[一]

【校勘記】

[一]從「執圭」到「君祭先飯」，原作正文加夾注，低一字雕板。萬有文庫本照底本原樣，王本低二字排印。《新論》本則不低一字。

5《孝經》之文簡易醇正，藴聖人之氣象，揭六經之表儀。夷考其文，有所未諭：《三才》章首似摭子産言禮之辭，子太叔對趙簡子曰：「聞諸先大夫子産曰：『夫禮，天之經也，地之義也，民之行也。天地之經而民實則之。則天之明，因地之性。』《孝經》止三字不同。」《聖治》章末似删文子論儀之語，北宫文子對衛襄侯曰：「故君子在位可畏，施舍可愛，進退可度，周旋可則，容止可觀，作事可法，德行可象，聲氣可樂。」《孝經》則曰：「君子則不然，言思可道，行思可樂，德義可尊，作事可法，容止可觀，進退可度。」《事君》章曰：「進思盡忠，退思補過。」此乃士貞子諫晉景公之辭。《聖治》章曰：「以順則逆，民無則焉。不在於善，而皆在於凶德。」此乃季文子對魯宣公之辭。《左氏傳》作「訓昏」，二字不同[一]。聖人雖遠稽格言，不應雷同如此，豈作傳者反竊經與？

【校勘記】

[一]二字：《新論》本作「三字」。蔡宗陽校註云：「『三字』，一作『二字』，今據《左傳》『以訓則昏』與《孝經》『以順則逆』比較，僅『訓』、『昏』與『順』、『逆』各二字不同，因此並非三字。《寶顏堂》、《享保》、《詒經堂》、《台州》、《津梁》各本亦作『二字』。若以《左傳》、《孝經》全部引文而言，則『度』與『在』不同，因此二者比較之後，卻有三字不同，並非二字，《至正》、《四庫》二本都作『三字』。茲存疑，暫以最早的版本——《至正》爲主。」今引之以爲研讀之資。

6 《爾雅》之作，主在訓言；《謚法》之作，用以定謚，皆周公之文也。戴聖之釋《淇澳》，備采《爾雅》之辭，《禮記》曰：「『如切如磋』者，道學也。『如琢如磨』者，自修也。『瑟兮僩兮』者，恂慄也。『赫兮喧兮』者，威儀也。『有斐君子，終不可諠兮』者，道盛德至善，民之不能忘也。」此乃《爾雅·釋訓》文。成鱄之釋《皇矣》，端倣《謚法》之體，《左傳》曰：「心能制義曰度，德正應和曰莫，照臨四方曰明，勤施無私曰類，教誨不倦曰長，賞慶刑威曰君，慈和遍服曰順，經天緯地曰文。」《謚法》體如此，文亦有同者。孰謂類皆後人之補緝，無補作者之監觀。

7 夫《論語》、《家語》，皆夫子與當時公卿大夫及群弟子答問之文。然《家語》頗有浮辭衍説，蓋出於群弟子共相叙述，加之潤色，其才或有優劣，故使然也。若《論語》，雖亦出於群弟子所記，疑若已經聖人之手。今略考焉。子曰：「爲命裨諶草創之，世叔討論之，行人子羽修飾之，東里子産潤色之。」質之《左氏》，則此文簡而整。《左氏傳》曰：「裨諶能謀，謀於野則獲，謀於邑則否。鄭國將有諸侯之事，子産乃問四國之爲於子羽，且使多爲辭令。與裨諶乘以適野，使謀可否，而告馮簡子，使斷之。事成，乃授子太叔，使行之，以應對賓客。」子曰：「孟之反不伐，奔而殿，將入門，策其馬曰：『非敢後也，馬不進也。』」質之《左氏》，則此文緩而周。《左氏傳》曰：「孟之側後入以爲殿，抽矢策其馬曰：『馬不進也。』」「南容三復白圭」，司馬遷則曰：「三復白圭之玷」，辭雖備而其意竭矣。「在邦必達，在家必達。」司馬遷則曰：「在邦及家必達」，辭雖約而其意疏矣。彼揚雄《法言》、王通《中説》，模擬此書，未免畫虎類狗之譏。《法言》曰：「如其智，如其智。」「雖有民，焉得而塗諸？」「三年不目日，視必盲；三年不目月，精必矇。」「魯仲連傷而不剬，藺相如剬而不傷[一]。」「請條，曰：『非正不視，非正不聽，非正不言，非正不行。』」「若張子房之智，陳平之無誤，絳侯勃之果，霍將軍之勇，終之以禮樂，則可謂社稷之臣矣。」《法言》之模擬《論語》，皆此類也。《中説》曰：「可與共樂，未可與共憂；可與共憂，未可與共樂。」「我未見勤者矣，蓋有焉，我未之見也。」「焉知來者之不如昔也？」「是故惡夫異端者。」「小不忍，致大災。」「知之者不如行之者，行之者不如安之者。」《中説》

之模擬《論語》，皆此類也。王充《問孔》之篇，而於此書多所指擿[二]，亦未免桀犬吠堯之罪歟？

【校勘記】

［一］傷：原作「傷」，萬有文庫本、王本、《新論》本皆作「傷」，考「傷」字乃正直之義也，《玉篇·人部》：「傷，直也。」與「傷」之意義差異甚大，故作「傷」字爲是。「傷」、「傷」形近而譌。

［二］擿：王本作「摘」。

8 詩人《庭燎》之詠，文雖美之，意則箴之；張老輪奐之辭，文雖頌之，意則譏矣。晉獻文子成室，張老曰：「美哉輪焉，美哉奐焉。歌於斯，哭於斯，聚國族於斯。」自漢而來，靡麗之賦，勸百諷一，烏足知此？

9 語出於己[一]，作之固難；語借於古，用亦不易。觀歷代雕蟲小技之士，借古語以成篇章者紛紛籍籍[二]，試陳一二，以鑒後來。張茂先《勵志》詩曰：「德輶如羽。」又曰：「熠燿宵流。」雖變二字以協音韻，而不知詩人言行有綏飛之意，言毛有至輕之喻。應吉甫《華林集》詩有曰：「文武之道，厥猷未墜。」既言「之道」，復綴「厥猷」，此所謂屋下架屋者歟？陸倕《石闕銘》曰：「惟王建國，正位辨方。」遂令辨方後於正位，此所謂轉衣爲裳者歟[三]？

【校勘記】

［一］語：四庫本、萬有文庫本、《新論》本皆作「文」。王本校語云：「元本，明弘治本、屠本及秘笈本，『語』作『文』。」

［二］籍籍：《新論》本作「藉藉」，蔡宗陽校註云：「一作『籍籍』，《寶顏堂》、《詒經堂》、《台州》、《津梁》各本皆作『籍籍』，但《至正》、《四庫》二本皆作『藉藉』。」

［三］此：底本無，據四庫本補。

10 古語曰：「黶子在頰則好，在顙則醜」，言有宜也。自晉以降，操觚含毫之士，喜學經語者多矣。且如孫盛著史，書曰「某年春帝正月」；謂盛作《魏晉陽秋》也。且《春秋》書「王正月」，示魯侯用周天子正朔。曹、馬躬有天下，不當書「帝正月」。謝惠連作賦，乃曰：「雪之時義遠矣哉［一］！」謂惠連作《雪賦》也。案《易》卦義深者，以此語贊之。大抵文士雪月之詠，非所當也。此蓋不知黶子在顙之爲醜也。

【校勘記】

［一］「雪之」兩字因破損原闕，據四庫本補。

文則卷之下

宋臨海陳騤著

己 凡七條

1 觀《檀弓》之載事，言簡而不疏，旨深而不晦。雖《左氏》之富艷，敢奮飛於前乎？略舉二事以見。

世子申生爲驪姬所譖，或令辯之。《左氏》載其事則曰：「或謂太子：『子辭君，必辯焉。』太子曰：『君非姬氏居不安，食不飽。我辭，姬必有罪。君老矣，吾又不樂。』」《檀弓》則曰：「『子盍言子之志於公乎？』世子曰：『不可。君安驪姬，是我傷公之心也。』」考此則《檀弓》爲優。《穀梁傳》載其事曰：「世子之傅里克謂世子曰：『入自明，入自明則可以生；不入自明則不可以生。』世子曰：『吾君已老矣，已昏矣，吾若此而入自明，則驪姬必死。驪姬死，則吾君不安。』」若此文，非惟不及《檀弓》，亦不及《左氏》矣。

智悼子未葬，晉平公飲以樂。杜蕢謂「大臣之喪，重於疾日不樂」。《左氏》言其事則曰：「辰在子卯，謂之疾日，君徹宴樂，學人舍業，爲疾故也。君之卿佐，是謂股肱。股肱或虧，何痛如之？」《檀弓》則曰：「子卯不樂，知悼子在堂，斯其爲子卯也大矣。」考此則《檀弓》爲優。

2 鳧脛雖短，續之則憂；鶴脛雖長，斷之則悲[一]。《檀弓》文句，長短有法，不可增損。其類是哉。

長句法

「毋乃使人疑夫不以情居瘠者乎哉？」「孰有執親之喪而沐浴佩玉者乎？」「蕢尚不如杞梁之妻之知禮也。」「苟無禮義忠信誠慤之心以蒞之。」

短句法

「華而晥」，「立孫」，「畏」，「厭」，「溺」。

【校勘記】

[一] 四庫本作：「鶴脛雖長，斷之則悲；鳧脛雖短，續之則憂。」《新論》本校註以爲此四句《莊子·駢拇》原文雖作「鳧脛雖短，續之則憂；鶴脛雖長，斷之則悲」，但作者不是明引，而是暗用，因此可能是作者故意顛倒上下文句。下文長句法、短句法呼應此「長」「短」。

3 鼓瑟不難，難於調弦；作文不難，難於錬句。《檀弓》之文，錬句益工，參之《家語》，其妙覩矣。

「遇負杖入保者息」，《家語》曰：「遇人入保負杖者息。」「皆死焉」，《家語》曰：「命敵死焉[一]。」「比御而不入」，《家語》曰：「可御而處內。」「南宮縚之妻之姑之喪」，《家語》曰：「南宮縚之妻，孔子之兄女，喪其姑。」「予惡夫涕之無從也[二]」。《家語》曰：「吾惡夫涕而無以將之。」「仲子亦猶行古之道也」，《家語》曰：「仲子亦猶行古人之道。」「夫子爲弗聞也者而過之」，《家語》曰：「夫子爲之隱，佯不聞以過之。」「遂命覆醢」，《家語》曰：「遂令左右皆覆醢。」「死不如速朽之愈也」，《家語》曰：「死不如朽之速愈。」「若魂氣則無不之也」。《家語》曰：「若魂氣則無所不之。」

【校勘記】

[一] 命：四庫本作「奔」。

[二] 夫：王本、《新論》本作「乎」。下文陳騤原注《家語》之「夫」亦然。

4 《考工記》之文，權而論之，蓋有三美：一曰雄健而雅，二曰宛曲而峻，三曰整齊而醇。略條于後。

雄健而雅

「鄭之刀，宋之斤，魯之削，吴粤之劍，遷乎其地而弗能爲良。」「凡爲弓，方其峻而高其柎，長其畏而薄其敝。」《左氏傳》曰：「恤其患而補其闕，正其違而治其煩。」亦此法也。

宛曲而峻

「凡攫閷援簭之類，必深其爪，出其目，作其鱗之而。深其爪，出其目，作其鱗之而，則於眂必撥爾而怒。苟撥爾而怒，則於任重宜，且其匪色必似鳴矣。爪不深，目不出，鱗之而不作，則必穨爾如委矣。苟穨爾如委，則加任焉，則必如將廢措，其匪色必似不鳴矣。」此文説筍虡之獸也。「引而信之，欲其直也；信之而直，則取材正也。信之而枉，則是一方緩、一方急也。若苟一方緩、一方急，則及其用之也必自其急者先裂。若苟自急者先裂，則是以博爲帴也。」此文説制韋革。

整齊而醇

「爍金以爲刃，凝土以爲器。」「棧車欲弇，飾車欲侈。」「鐘大而短，則其聲疾而短聞；鐘小而長，則其聲舒而遠聞。」「已上則摩其旁，已下則摩其耑。」

5 《春秋》文句，長者踰三十餘言，短者止於一言。如「季孫行父、臧孫許、叔孫僑如、公孫嬰齊帥師會晉郤克、衛孫良父、曹公子首及齊侯戰于鞌」之類，是長句也。如「螽」之類，是短句也。《詩》之文句，長者不踰八言，短者不減二言。八言者，如「我不敢效我友自逸」之類是也。摯虞云：「《詩》有九言，『洞酌彼行潦挹彼注茲』是也[一]。」二言者，若「肇禋」之類。《春秋》主於褒貶，《詩》則本於美刺，立言之間，莫不有法。

【校勘記】

[一] 此處四庫本有「然此當爲二句，其説非也」十字。王本按語云：「元本、明弘治本、屠本及秘笈本，俱有『然此當爲二句，其説非也』十字。」按：此乃後人所加評論之言，非陳騤自注之語。

6 詩人之用助辭，辭必多用韻。有用「也」辭，若「何其處也，必有與也」。處、與爲韻[一]。有用「而」辭，若「俟我于著乎而，充耳以素乎而」。著、素爲韻[二]。有用「忌」辭，若「抑磬控忌，抑縱送忌」。控、送爲韻[四]。有用「矣」辭，若「陟彼砠矣，我馬瘏矣」。砠、瘏爲韻[三]。有用「兮」辭，若「其實七兮，迨其吉兮」。七、吉爲韻[五]。有用「之」辭，若「知子之順之，雜佩以問之」。順、問爲韻[六]。有用「止」辭，如「既曰庸止，曷又從止」。庸、從爲韻。止即只，《鄘・柏舟》詩，亦用「只」爲辭。《離騷》有《大招》，用「只」辭，蓋法乎此[七]。有用「且」辭，若「椒聊且，遠條且」，聊、條爲韻[八]。如四句六句者多矣，今不備載。又《禮記》非詩人之文，助辭之上，亦有韻協。如曰：「禮行於郊，而百神受職焉。禮行於社，而百貨可極焉。禮行於祖廟，而孝慈服焉。禮行於五祀，而正法則焉。」此則用「焉」辭，而職、極、服、則爲協。

【校勘記】

［一］四庫本有注文「處、與爲韻」四字，宋世犖《〈文則〉校語附録》「必有與也」下陳本小注：「處、與爲韻，郭本無。」今據以復原。

［二］四庫本有注文「著、素爲韻」四字，宋世犖《〈文則〉校語附録》「以素乎而」下陳本小注：「著、素爲韻，郭本無。」今據以復原。

［三］四庫本有注文「砠、瘏爲韻」四字，宋世犖《〈文則〉校語附録》「我馬瘏矣」下陳本小注：「砠、瘏爲韻，郭本無。」今據以復原。

［四］四庫本有注文「控、送爲韻」四字，宋世犖《〈文則〉校語附録》「抑縱送忌」下陳本小注：「控、送爲韻，郭本無。」今據以復原。

［五］四庫本有注文「七、吉爲韻」四字，宋世犖《〈文則〉校語附録》「迨其吉兮」下陳本小注：「七、吉爲韻，郭本無。」今據以復原。

［六］四庫本有注文「順、問爲韻」四字，宋世犖《〈文則〉校語附録》「雜佩以問之」下陳本小注：「順、問爲韻，郭本無。」今據以復原。

［七］四庫本有注文「庸、從爲韻。止即只，《鄘・柏舟》詩，亦用『只』爲辭。《離騷》有《大招》，用『只』辭，蓋法乎此」，宋世犖《〈文則〉校語附録》「曷又從止」下陳本小注同四庫本，并加「郭本無」。今據以復原。

［八］四庫本有注文「聊、條爲韻」四字，宋世犖《〈文則〉校語附録》「遠條且」下陳本小注：「聊、條爲

韻，郭本無。」今據以復原。

7 孔穎達曰：「詩章之法，不常厥體。或重章共述一事，《采蘋》之類。或一事疊爲數章，《甘棠》之類。或初同而末異，《出車》之類。或首異而末同，《漢廣》之類。或事訖而更申，《既醉》之類。或章重而事別，《鴟鴞》之類。或隨時而改色，《何草不黄》也。或因事而變文，《文王有聲》也。或一章而再言，或三章而一發，《采采芣苢》、《賓之初筵》[一]。篇有數章，章句多寡不等；章有數句，句字多少不同。包括詩體，孰踰此説？故特取焉。

【校勘記】

[一] 四庫本將注文「采采芣苢」四字置於「或一章而再言」之下，較明瞭。

庚 凡二條[一]

1 文有數句用一類字，所以壯文勢、廣文義也。然皆有法。韓退之爲古文伯[二]，於此法尤加意焉。如《賀冊尊號表》用「之謂」字，蓋取《易·繫辭》；《畫記》用「者」字，蓋取《考工記》；《南山》詩用「或」字，蓋取《詩·北山》，悉注于後。孰謂退之自作古哉？觀退之《畫記》

云：「騎而立者五人，騎而被甲載兵立者十人，騎且負者二人，騎執器者二人。」自此以下凡記人數者，蓋取《書·顧命》「二人雀弁執惠，四人綦弁執戈上刃，一人冕執劉，一人冕執鉞，一人冕執戣[三]，一人冕執瞿，一人冕執鋭」之法也。此與用字一類不同，姑附於此，示退之之文不妄作也。用一類字者不可遍舉，采經、子通用者志之，可觸類而長矣。

【校勘記】

[一] 四庫本分卷至此爲卷上之終，以下爲卷下。卷下「共二十九則」。

[二] 伯：四庫本作「霸」。伯、霸古字通。

[三] 四庫本無「一人冕執戣」一句。

或法。《詩·北山》曰：「或燕燕居息，或盡瘁事國，或息偃在牀，或不已于行，或不知叫號，或慘慘劬勞，或棲遲偃仰，或王事鞅掌，或湛樂飲酒，或慘慘畏咎，或出入風議，或靡事不爲。」退之《南山》詩云：「或連若相從，或蹙若相鬭，或妥若弭伏，或竦若鷩雊，或散若瓦解，或赴若輻輳，或翩若船游[一]，或决若馬驟。」[二]皆廣《北山》「或」字法而用之也。《老子》曰：「故物或行或随，或呴或吹[三]，或强或羸，或載或隳。」又一法也。

【校勘記】

[一] 船：王本作「盤」。王校云：「『盤』原誤作『船』，今據元本、明弘治本、屠本校正。」《新論》本亦作

「船」，蔡宗陽校註引劉明暉依據元至正己亥（一三五九）陶宗儀本、明弘治本及屠本作「盤」，但《至正》（一三五一）本、《寶顏堂》、《亨保》、《四庫》、《詒經堂》、《台州》、《津梁》各本皆作「船」。

[二] 四庫本此有「此句稍多，不能備載」八字。

[三] 四庫本「呴」作「歔」。呴、歔兩字義相近，前賢或者作爲異體字用之，故《老子》之文或作「或歔或吹」，可證。

者法。《考工記》曰：「脂者，膏者，臝者，羽者，鱗者。」又曰：「以脰鳴者，以注鳴者，以旁鳴者，以翼鳴者，以股鳴者，以胸鳴者。」《莊子》曰：「激者，謞者，叱者，吸者，叫者，譹者，宎者，咬者。」韓退之《畫記》云：「行者，牽者，奔者，涉者，陸者，翹者，顧者，鳴者，寢者，訛者，立者，齕者，飲者，溲者，陟者，降者。」凡此用「者」字，其原出于《考工記》及《莊子》法也[一]。

【校勘記】

[一] 及：四庫本作「因用」。王本校語云：「元本、明弘治本、屠本及秘笈本，『《考工記》及《莊子》』作『《考工記》因用《莊子》』。」

之謂法。《繫辭》曰：「富有之謂大業，日新之謂盛德，生生之謂易，成象之謂乾，效法之謂坤，極數知來之謂占，通變之謂事，陰陽不測之謂神。」韓退之《賀冊尊號表》云：「臣聞體仁以長人之謂元，發而中節之謂和，無所不通之謂聖，妙而無方之謂神，經緯天地之謂文，戡定禍亂之謂武，先天不違之謂法天，道濟天下之謂應道。」蓋取《易・繫辭》也。

謂之法。《易・繫辭》曰：「闔户謂之坤，闢户謂之乾，一闔一闢謂之變，往來不窮謂之通。見乃謂之象，形乃謂之器，制而用之謂之法，利用出入民咸用之謂之神」之類[一]。

【校勘記】

[一] 四庫本、《新論》本「之類」之後復有「凡經子傳記用此多矣，故不悉載」十三字。

之法。《孟子》曰：「勞之來之，匡之直之，輔之翼之。」《老子》曰：「故道，生之畜之，長之育之，成之熟之，養之覆之。」《易・説卦》曰[一]：「雷以動之，風以散之，雨以潤之，日以烜之，艮以止之，兑以説之，乾以君之，坤以藏之。」此又一法也。

【校勘記】

[一] 四庫本「易説卦」前有「若」字。王本校語云：「元本、明弘治本、屠本及秘笈本，『易説卦』上俱有『若』字。」

可法。《考工記》曰：「故可規，可萬，可水，可縣，可量，可權。」《表記》曰：「事君可貴可賤，可富可貧，可生可殺。」

可以法。《論語》曰：「詩可以興，可以觀，可以群，可以怨。」《月令》曰：「可以登高明，可以遠眺望，可以升山陵，可以處臺榭。」《莊子》曰：「可以保身，可以全生，可以養親，可以盡年。」

爲法。《易·説卦》曰：「乾爲天，爲圜，爲君，爲父，爲玉，爲金，爲寒，爲冰，爲大赤，爲良馬，爲老馬，爲瘠馬，爲駁馬，爲木果。」《莊子》曰：「形就而入，且爲顛，爲滅，爲崩，爲蹶。心和而出，且爲聲，爲名，爲妖，爲孽。」此又一法也。

必法。《考工記》曰：「容轂必直，陳篆必正，施膠必厚，施筋必數。」《月令》曰：「秫稻必齊，麴糵必時，湛熾必潔，水泉必香，陶器必良，火齊必得。」

不以法。《左氏傳》曰：「不以國，不以官，不以山川，不以隱疾，不以畜牲，不以器幣。」

無法。《左氏傳》曰：「無始亂，無怙富，無恃寵，無違同，無敖禮[一]，無驕能，無復怨[二]，無謀非德，無犯非義。」

【校勘記】

[一] 敖：王本同，四庫本作「傲」。

[二] 怨：四庫本作「怒」，形近而誤。

而不法。《左氏傳》曰：「直而不倨，曲而不屈，邇而不偪，遠而不攜，遷而不淫，復而不厭，哀而不愁，樂而不荒，用而不匱，廣而不宣，施而不費，取而不貪，處而不底，行而不流。」

其法。《易·繫辭》曰：「其稱名也小，其取類也大，其指遠，其辭文，其言曲而中，其事肆而隱。」《樂記》曰：「其哀心感者，其聲噍以殺；其樂心感者，其聲嘽以緩；其喜心感者，其聲發以散；其怒心感者，其聲粗以厲；其敬心感者，其聲直以廉；其愛心感者，其聲和以柔。」此雖每句用「其」字，而二句以見意，又一法也。

焉法。《祭統》曰：「見事鬼神之道焉，見君臣之義焉，見父子之倫焉，見貴賤之等焉，見親疏之殺焉，見爵賞之施焉，見夫婦之別焉，見政事之均焉，見長幼之序焉，見上下之際焉。」《學記》曰：「藏焉，修焉，息焉，游焉。」《三年問》曰：「翔回焉，鳴號焉，蹢躅焉，踟躕焉。」又一法也。

于時法。《詩》曰：「于時處處，于時廬旅，于時言言，于時語語。」鄭康成云：「時，是也。」

實法。《詩》曰：「實方實苞，實種實褎，實發實秀，實堅實好，實穎實栗。」

曾是法。《詩》：「曾是彊禦，曾是掊克，曾是在位，曾是在服。」

侯法。《詩》曰：「侯主，侯伯，侯亞，侯旅，侯彊，侯以。」

有若法。《書》曰：「有若虢叔，有若閎夭，有若散宜生，有若泰顛，有若南宮括。」

未嘗法。《家語》曰：「未嘗知哀，未嘗知憂，未嘗知勞，未嘗知懼，未嘗知危。」

斯法。《檀弓》曰：「人喜則斯陶，陶斯咏，咏斯猶，猶斯舞，舞斯愠，愠斯戚，戚斯歎，歎斯辟，辟斯踊矣[一]。」

於是乎法。《國語》曰：「上帝之粢盛於是乎出，民之蕃庶於是乎生，事之供給於是乎在，和協輯睦於是乎興，財用蕃殖於是乎始，敦龐純固於是乎成。」

【校勘記】

[一] 四庫本無「辟斯踊」三字。

有法。《禮器》曰：「有直而行也，有曲而殺也，有經而等也，有順而討也，有撕而播也，有推而進也，有放而文也，有放而不至也[一]，有順而摭也。」《樂師》曰：「有帗舞，有羽舞，有皇舞，有旄舞，有干舞，有人舞。」《左氏傳》曰：「名有五：有信，有義，有象，有假，有類。」又一法也。《孟子》曰：「父子有親，君臣有義，夫婦有別，長幼有序，朋友有信。」此又一法也。

【校勘記】

[一]至：四庫本作「致」。王本亦作「致」，王氏校語云：「『致』原作『至』，元本、明弘治本、屠本及秘笈本作『致』，《禮器》原文正作『致』，今據改。」至、致亦古今字也。

兮法。《荀子》曰：「井井兮其有條理也，嚴嚴兮其能敬己也，分分兮其有終始也，厭厭兮其能長久也，樂樂兮其執道不殆也，炤炤兮其用之明也[一]，修修兮其用統類之行也，綏綏兮其有文章也，熙熙兮其樂人之臧也，隱隱兮其恐人不當也[二]。」

【校勘記】

[一]四庫本「用」之後有「知」字。王本校語云：「元本、明弘治本、屠本，『用』下有『知』字。」《荀子》卷四《儒效篇》本文正有「知」字，當據補。

[二]《荀子》卷四《儒效篇》本文「人」後有「之」字。

則法。《中庸》曰：「誠則形，形則著，著則明，明則動，動則變，變則化。」

然法。《荀子》曰：「儼然壯然，倛然蕼然，恢恢然，廣廣然，昭昭然，蕩蕩然。」

奚法。《莊子》曰：「奚爲奚據，奚避奚處，奚就奚去，奚樂奚惡？」

而法。《莊子》曰：「而容崖然，而目衝然，而顙頯然[一]，而口闞然，而狀義然。」《考工記》曰[二]：「清其灰而盝之，而揮之，而沃之，而盝之，而塗之，而宿之。」

【校勘記】

[一] 頯：四庫本作「頯」，形近而誤。

[二] 四庫本「《考工記》」前有「又一法也」四字。就本法所舉例句而言，屬於兩種不同句式，陳騤自注以「又一法也」提示分別，合乎其著文體例。

方且法。《莊子》曰：「方且本身而異形，方且尊知而失馳[一]，方且爲緒使，方且爲物絯，方且四顧而物應，方且應衆宜，方且與物化。」

【校勘記】

[一] 失：四庫本作「火」。考之《莊子·天地》本文正作「火」字，則作「失」者傳寫之誤也。

似法。《莊子》曰：「似鼻，似目，似耳，似枅，似圈，似臼，似窪者，似污者。」此言風吹竅穴動作之貌。

乎法。《莊子》曰：「與乎其觚而不堅也，張乎其虚而不華也，邴邴乎其似喜乎，崔乎其不得已乎，滀乎進我色也，與乎止我德也，厲乎其似世乎，謷乎其未可制也，連乎其似好閉也，悗乎忘其言也。」《祭義》曰[一]：「洞洞乎其敬也，屬屬乎其忠也，勿勿乎其欲其饗之也。」《莊子》蓋廣此法而用之。

【校勘記】

[一] 祭義：四庫本作「禮運」。

乃法。《詩》曰：「乃慰乃止，乃左乃右。乃疆乃理，乃宣乃畝。」

以之法。《仲尼燕居》曰：「以之居處有禮，故長幼辨也；以之閨門之内有禮，故三族和也；以之朝廷有禮，故官爵序也；以之田獵有禮，故戎事閑也；以之軍旅有禮，故武功成也。」

足以法。《易》曰：「體仁足以長人，嘉會足以合禮，利物足以和義，貞固足以幹事。」《中庸》曰：「聰明睿知，足以有臨也；寬裕温柔，足以有容也；發强剛毅，足以有執也；齊莊中正，足以有敬也；文理密察，足以有别也。」此一法也[一]。

【校勘記】

[一] 四庫本「此」後有「又」字。

也法。《中庸》曰：「修身也，尊賢也，親親也，敬大臣也，體群臣也，子庶民也，來百工也，柔遠人也，懷諸侯也。」若《周易·雜卦》一篇全用「也」字，又不可盡法[一]。

【校勘記】

[一] 又不可盡法：四庫本作「文不可盡舉」。

得其法。《仲尼燕居》曰：「宮室得其度量，鼎得其象，味得其時，樂得其節，車得其式，鬼神得其饗，喪紀得其哀，辯説得其黨[一]，官得其體[二]，政事得其施。」

【校勘記】

[一] 辯：四庫本作「辨」。　黨：四庫本作「當」。

[二] 體：四庫本作「本」。

以法。《大司樂》曰：「以致鬼神，以和邦國，以諧萬民，以安賓客，以説遠人，以作動物。」《周禮》此法極多，今不備載。

曰法。《洪範》曰：「一曰水，二曰火，三曰木，四曰金，五曰土。」《周禮》凡所次序[一]，其事皆類，此一法也。《周禮・小胥》曰：「曰風，曰賦，曰比，曰興，曰雅，曰頌。」《洪範》曰：「曰雨，曰霽，曰蒙，曰驛，曰克，曰貞，曰悔。」凡此類不言數，又一法也。《大宗伯》曰：「春見曰朝，夏見曰宗，秋見曰覲，冬見曰遇。時見曰會，殷見曰同。」《易・繫辭》曰：「天地之大德曰生，聖人之大寶曰位。何以守位曰仁，何以聚人曰財，理財正辭禁民爲非曰義。」凡此類，又一法也。

【校勘記】

［一］四庫本無「所」字。王本校語云：「元本、明弘治本、屠本及秘笈本，注『《周禮》凡』下無『所』字。」

得之法。《莊子》曰：「狶韋氏得之以挈天地，伏羲得之以襲氣母，維斗得之終古不忒，日月得之終古不息，堪坏得之以襲崑崙，馮夷得之以游大川，肩吾得之以處大山，黄帝得之以登雲天，顓頊得之以處元宫云云。」

之以法。《禮記》曰：「慮之以大，愛之以敬，行之以禮，修之以孝養，紀之以義，終之以仁。」

所以法。《禮運》曰：「祭帝於郊，所以定天位也；祀社於國，所以列地利也。祖廟所以本仁也，山川所以儐鬼神也，五祀所以本事也。」

存乎法。《易・繫辭》曰：「列貴賤者存乎位，齊大小者存乎卦［二］，辨吉凶者存乎辭，憂悔吝者存乎介，震无咎者存乎悔。」

【校勘記】

[一] 大小：四庫本作「小大」。

莫大乎法。《易·繫辭》曰：「法象莫大乎天地，變通莫大乎四時，懸象著明莫大乎日月，崇高莫大乎富貴。備物致用立成器以爲天下利，莫大乎聖人云云。」

知所以法。《中庸》曰：「則知所以修身，知所以修身則知所以治人，知所以治人則知所以治天下國家矣。」

矣法。《六月》詩序曰：「《鹿鳴》廢，則和樂缺矣。《四牡》廢，則君臣缺矣。《皇皇者華》廢，則忠信缺矣。《棠棣》廢，則兄弟缺矣。」下皆類此，不能悉載。《板》詩曰：「辭之輯矣，民之洽矣。辭之懌矣，民之莫矣。」此雖每句用「矣」字，而上下之意相關。

2　大抵經傳之文有相類者，非固出於蹈襲，實理之所在，不約而同也。略條於後，則可推矣。

《詩》曰：「禮義不愆，何恤於人言？」此逸《詩》。《荀子》引之云：「禮義之不愆兮，何恤人之言兮。」[一]《左氏傳》載士蔿稱諺曰：「心苟無瑕，何恤乎無家？」《詩》曰：「謂予不信，有如皦日。」《左氏傳》載公子重耳曰：「所不與舅氏同心者，有如白水。」凡指物爲誓，語多類如此。[二]《詩》曰：「不憖遺一老，俾守我王。」《左氏傳》魯哀公誄孔某曰[三]：「不憖遺一老，俾屏予一人以在位。」此不約而同一也。《左氏傳》曰：「晉韓起聘魯，觀書於太史氏，見《易象》與《魯春秋》曰：『《周禮》盡在魯矣。吾乃今知周公之德與周之所以王也。』」《家語》曰：「孔子適周，歷郊社之所，考明堂之則，察廟朝之度，於是喟然曰：『吾乃今知周公之聖與周之所以王也[四]。』」此不約而同二也。《左氏傳》曰：「晉侯疾病，求醫于秦。秦伯使醫緩爲之。醫至，曰：『疾不可爲也。在肓之上、膏之下。』」《戰國策》曰：「扁鵲見秦武王，武王示之病。扁鵲請除左右，曰：『君之病在耳之前、目之下。』」此不約而同三也。《左氏傳》載周子曰：「二三子用我今日，否亦今日。」《國語》載吴王曰：「孤之事君在今日，不得事君亦在今日。」此不約而同四也。《國語》載觀射父曰：「先王之祀也，以一純、二精、三牲、四時、五色、六律、七事、八種、九祭、十日、十二辰以致之。」《左氏傳》載晏子曰：「先王之濟五味、和五聲，以平其心，成其政也[五]。聲亦如味，一氣、二體、三類、四物、五聲、六律、七音、八風、九歌以相成也。」此文既於物恊数，又于數恊序。亦文之工者。[六]此不約而同五也。《考工記》曰：「栢爲上，檍次之，檿桑次之，橘次之，木瓜次之，荆次之。」《禮器》曰：「禮，時爲大，順次之，體次之，宜次之，稱次之。」此不約而同六也。

【校勘記】

［一］四庫本有陳騤自注：「此逸《詩》。《荀子》引之云：『禮義之不愆兮，何恤人之言兮。』」二十字。

王本校語云：「元本、明弘治本、屠本、秘笈本及宋世犖《校記》引陳本，俱有注云（即上文陳騤自注）。」今據以復原。

［二］四庫本「白水」下有陳騤自注：「凡指物爲誓，語多類如此」十字。王本校語云：「元本、明弘治本、屠本、秘笈本及宋世犖《校記》引陳本，俱有注云（即上文十字）。」今據以復原。

［三］某：四庫本作「丘」字缺末筆避諱。王本亦作「丘」。

［四］聖：四庫本作「德」。

［五］四庫本無「以平其心成其政」七字。

［六］四庫本有陳騤自注「此文既於物恊数，又于數恊序。亦文之工者」十七字。王本校語云：「元本、明弘治本、屠本、秘笈本及宋世犖《校記》引陳本，俱有注云（即上文十七字）。」今據以復原。

辛　凡八條

春秋之時，王道雖微，文風未殄，森羅辭翰，備括規摹。考諸《左氏》，摘其英華，别爲八體，各繫本文。一曰命，婉而當；《尚書》有《命》八篇［一］。二曰誓，謹而嚴；《尚書》有《誓》八篇。［二］三曰盟，約而信；四曰禱，切而慤；《尚書·武成》有武王伐紂禱辭，自『惟有道曾孫發』至『無作神羞』，是其文也。［三］五曰諫，和而直；六曰讓，辯而正；七曰書，達而法；八曰對，美而敏。作者觀之，庶知古人之大全也。

【校勘記】

［一］四庫本有陳騤自注「《尚書》有《命》八篇」六字。王本校語云：「元本、明弘治本、屠本及宋世犖《校記》引陳本，俱有注云：『《尚書》有《命》八篇』。」今據以復原。

［二］四庫本有陳騤自注「《尚書》有《誓》八篇」六字。王本校語云：「元本、明弘治本、屠本及宋世犖《校記》引陳本，俱有注云：『《尚書》有《誓》八篇』。」今據以復原。

［三］四庫本有陳騤自注「《尚書・武成》有武王伐紂禱辭，自『惟有道曾孫發』至『無作神羞』，是其文也」三十七字。王本校語云：「元本、明弘治本、屠本及宋世犖《校記》引陳本，俱有注云（即上文）。」今據以復原。

1 命　周靈王命齊侯［一］。如周襄王命晉重耳，其體亦可法。

王使劉定公賜齊侯命曰［二］：「昔伯舅太公右我先王，股肱周室，師保萬民，世祚太師，以表東海，王室之不壞，繄伯舅是賴。今余命女環［三］，茲率舅氏之典，纂乃祖考，無忝乃舊。敬之哉，無廢朕命。」

【校勘記】

［一］齊侯：四庫本作「齊靈公」。王本校語云：「元本、明弘治本、屠本，『齊侯』作『齊靈公』；又秘笈本無注。」

［二］四庫本無「使劉定公賜齊侯命」八字。王本校語云：「元本、明弘治本、屠本，此句作『王曰』。」

［三］余：四庫本作「予」，王本校語云：「元本、明弘治本、屠本，『余』作『予』，《左傳》亦作『余』。」

2　誓　晉趙簡子誓伐鄭。

誓曰［一］：「范氏、中行氏，反易天明，斬艾百姓，欲擅晉國而滅其君，寡君恃鄭而保焉。今鄭爲不道，棄君助臣。二三子順天明，從君命，經德義，除垢恥［二］，在此行也。克敵者，上大夫受縣，下大夫受郡，士田十萬，庶人工商遂，人臣隸圉免。志父無罪，君實圖之。若其有罪，絞縊以戮。桐棺三寸，不設屬辟，素車樸馬，無入于兆，下卿之罰也。」

【校勘記】

［一］四庫本作「誓曰」。王本亦作「誓曰」，并出校語云：「按此句原作『曰范中行氏』，今據元本、明弘治本、屠本訂補。」今從補。

[二] 垢：四庫本作「詬」。「詬恥」當作「詬」，此乃同音通借。

3 盟　亳城北之盟[一]。如《孟子》載葵邱盟詞[二]，觀《三傳》則詳略異同，今所不取。

載書曰：「凡我同盟，毋蘊年，毋壅利，毋保姦，毋留慝，救災患，恤禍亂，同好惡，獎王室。或間兹命，司慎司盟，名山名川，群神群祀，先王先公，七姓十二國之祖明神殛之，俾失其民，隊命亡氏，踣其國家。」

【校勘記】

[一] 四庫本無「北」字。

[二] 四庫本作「葵丘盟辭」。

4 禱　衛蒯聵戰禱于鐵[一]。荀偃禱河，其體亦法此。

禱曰[二]：「曾孫蒯聵敢昭告皇祖文王、烈祖康叔、文祖襄公：鄭勝亂從，晉午在難，不能治亂，使鞅討之。蒯聵不敢自佚，備持矛焉。敢告無絶筋，無折骨，無面傷，以集大事，無作三祖羞。大命不敢請，佩玉不敢愛。」

【校勘記】

［一］四庫本無「戰」字。

［二］四庫本「曰」前有「禱」字。王本校語云：「『曰』上原無『禱』字，今據元本、明弘治本、屠本訂補。」今從補。

5　諫　臧哀伯諫魯威公納郜鼎［一］。諫文多矣，今取此爲體。

諫曰［二］：「君人者將昭德塞違，以臨照百官，猶懼或失之，故昭令德以示子孫。是以清廟茅屋，大路越席，大羹不致，粢食不鑿，昭其儉也。衮冕黻珽，帶裳幅舄，衡紞紘綖，昭其度也。藻率鞞鞛，鞶厲游纓，昭其數也。火龍黼黻，昭其文也。五色比象，昭其物也。錫鸞和鈴，昭其聲也。三辰旂旗，昭其明也。夫德儉而有度，登降有數，文物以紀之，聲明以發之，以臨照百官。百官於是乎戒懼，而不敢易紀律。今滅德立違而寘其賂器於太廟，以明示百官，百官象之，其又何誅焉？國家之敗，由官邪也；官之失德，寵賂章也。郜鼎在廟，章孰甚焉？武王克商，遷九鼎于雒邑，義士猶或非之。而況將昭違亂之賂器於太廟，其若之何？」

【校勘記】

［一］四庫本無「郜」字。王本校語云：「屠本、秘笈本，『威』作『桓』，此宋人避欽宗趙桓諱改。又秘

笺本無注。」

［二］四庫本「曰」前有「諫」字。王本校語云：「『曰』上原無『諫』字，今據元本、明弘治本、屠本訂補。」今從補。

6 周詹桓伯責晉率陰戎伐潁［一］。讓責也。

辭曰［二］：「我自夏以后稷，魏、駘、芮、岐、畢，吾西土也。及武王克商，蒲、姑、商、奄，吾東土也。巴、濮、楚、鄧，吾南土也。肅、慎、燕、亳，吾北土也。吾何邇封之有？文、武、成、康之建母弟，以蕃屏周，亦其廢隊是爲。豈如弁髦，而因以敝之。先王居檮杌于四裔，以禦魑魅。故允姓之姦，居于瓜州。伯父惠公歸自秦，而誘以來，使偪我諸姬，入我郊甸，則戎焉取之［三］。戎有中國，誰之咎也？后稷封殖天下，今戎制之，不亦難乎？伯父圖之。我在伯父，猶衣服之有冠冕，木水之有本原［四］，民人之有謀主也。伯父若裂冠毀冕，拔本塞原，專棄謀主，雖戎狄其何有余一人？」

【校勘記】

［一］桓：四庫本作「威」，見上文王利器校語。

［二］四庫本「曰」前有「辭」字。王本校語云：「『曰』上原無『辭』字，今據元本、明弘治本、屠本訂

補。」今從補。

［三］則：四庫本無。

［四］木水：四庫本作「水木」。　原：四庫本作「源」。下文「拔本塞原」，四庫本亦作「源」。

7　書　晉叔向詒鄭子產《鑄刑書》［一］。子產《與范宣子書》，其體可法。

書曰［二］：「始吾有虞於子，今則已矣。昔先王議事以制，不爲刑辟，懼民之有爭心也，猶不可禁禦。是故閑之以義，糾之以政，行之以禮，守之以信，奉之以仁，制爲禄位，以勸其從。嚴斷刑罰，以威其淫，懼其未也［三］。故誨之以忠，聳之以行，教之以務，使之以和，臨之以莊［四］，涖之以彊，斷之以剛。猶求聖哲之士，明察之官，忠信之長，慈惠之師。民於是乎可任使也，而不生禍亂。民知有辟，則不忌於上，並有爭心，以徵於書，而徼幸以成之，弗可爲矣。夏有亂政而作《禹刑》，商有亂政而作《湯刑》，周有亂政而作《九刑》。三辟之興，皆叔世也。今吾子相鄭國，作封洫，立謗政，制參辟，鑄刑書，將以靖民，不亦難乎？《詩》曰：『儀式刑文王之德，日靖四方。』又曰：『儀刑文王，萬邦作孚。』如是，何辟之有？民知爭端矣。將棄禮而徵於書，錐刀之末，將盡爭之。亂獄滋豐，賄賂並行。終子之世，鄭其敗乎！肸聞之：『國將亡，必多制。』其此之謂乎？」

【校勘記】

[一] 鑄刑書：四庫本作「鑄刑書書」。王本以爲「鑄刑書」下原脫「書」字。

[二] 書曰：原作「曰」，四庫本作「書曰」，王本校點者按：「『曰』上原無『書』字，今據元本、明弘治本、屠本訂補。」因據補。

[三] 末：四庫本作「末」。

[四] 莊：四庫本作「敬」。

8 對　鄭子産對晉人問陳罪。對文多矣，取此爲體[一]。

對曰：「昔虞閼父爲周陶正，以服事我先王。我先王賴其利器用也，與其神明之後也，庸以元女大姬配胡公，而封諸陳，以備三恪。則我周之自出，至于今是賴。桓公之亂，蔡人欲立其出，我先君莊公奉五父而立之。蔡人殺之，我又與蔡人奉戴厲公，至於莊宣，皆我之自立。夏氏之亂，成公播蕩。又我之自入，君所知也。今陳忘周之大德，蔑我大惠，棄我姻親，介恃楚衆，以馮陵我敝邑[二]，不可億逞。我是以有往年之告，未獲成命，則有我東門之役。當陳隧者，井堙木刊，敝邑大懼不競，而恥大姬。天誘其衷，啟敝邑心。陳知其罪，授首于我[三]，用敢獻功。」云云。

【校勘記】

[一] 四庫本「取」前有「今」字。

[二] 馮：四庫本作「凴」。馮、凴古今字。

[三] 首：原作「手」，四庫本作「首」。以「首」爲是，因據改。

壬　凡七條

1 盤庚之戒，無伏攸箴。宣王之詩，《庭燎》因箴。箴之爲名，見於經矣。在昔周武，辛甲爲史[一]，爰命百官，各箴王闕。故虞人之箴，魏絳獨有取焉。今采其文，以備箴體。

芒芒禹迹，畫爲九州，經啓九道，民有寢廟，獸有茂草，各有攸處，德用不擾。在帝夷羿，冒於原獸，忘其國，恤而思其麀牡。武不可重用，不恢於夏家，獸臣司原，敢告僕夫。

【校勘記】

[一] 史：四庫本作「吏」。

2 益贊于禹，贊起遠矣。後世史官，紀傳有贊，以擬詩體，非古法也。今采《書》文，以備贊體。

惟德動天，無遠弗届。滿招損，謙受益，時乃天道。帝初于歷山，往于田，日號泣于旻天[一]，于父母，負罪引慝，祇載見瞽瞍。夔夔齊慄，瞽亦允若。至誠感神，矧兹有苗。

【校勘記】

[一] 四庫本無「日」字。

3 銘文之作，初無定體。量人《量銘》，乃類《詩・雅》。孔悝《鼎銘》，無異《書》命。成湯《盤銘》，考父《鼎銘》，體又别矣。四體俱采，古法備焉。

量銘

時文思索，允臻其極。嘉量既成，以觀四國。永啟厥後，兹器維則。

鼎銘

孔悝

六月丁亥，公假于太廟。公曰：「叔舅，乃祖莊叔，左右成公。成公乃命莊叔隨難于漢陽，即宫于宗周。奔走無射，啟右獻公。獻公乃命成叔纂乃祖服，乃考文叔，興舊嗜欲，作率慶士，躬恤衛國。其勤公家，夙夜不解，民咸曰：『休哉！』」公曰：「叔舅，予女銘若，纂乃考服。」悝拜稽首曰：「對揚以辟之勤，大命施于烝彝鼎。」

盤銘

《大戴禮》：湯几杖之屬皆有銘。此盤銘獨見《禮記》。

德日新，日日新，又日新。

鼎銘

一命而僂，再命而傴，三命而俯，循牆而走，亦莫余敢侮。饘於是，鬻於是[一]，以餬余口。

【校勘記】

[一] 鬻：四庫本作「粥」。粥、鬻古今字。

4 賡載之歌，既煥虞謨；五子之歌，又昭夏訓。作者蔚起，各自爲體。孔子逍遥，接輿佯狂。歌詞玉振，鮮其儷哉。特取二歌，餘在所略。

孔子歌

泰山其頹乎，梁木其壞乎，哲人其萎乎？

接輿歌

《莊子》亦載此歌曰：「鳳兮鳳兮，何如德之衰也？來世不可待，往世不可追也。」雖小有增損，然氣象與《論語》不同。

鳳兮鳳兮，何德之衰？往者不可諫，來者猶可追。已而已而，今之從政者殆而。

5 歌之流也，又別爲三：一曰謡，二曰謳，齊歌曰謡，獨歌曰謳[一]。三曰誦。周謡《鸜鵒》，晉謡《龍鶉》。城者築者，所謳不同。國人輿人，其誦亦異。雖皆芻詞，猶可觀法。備見《左氏》，采其尤乎。

晉謡

丙之晨，龍尾伏辰。均服振振，取虢之旂。鶉之賁賁，天策焞焞。火中成軍，虢公其奔。

築謳

澤門之晳，實興我役。邑中之黔，實慰我心。

輿誦

取我衣冠而褚之，取我田疇而伍之。孰殺子産，吾其與之。我有子弟，子産誨之。我有田疇，子産殖之。子産而死，誰其嗣之？後漢岑彭爲魏郡太守，輿人歌曰：「我有枳棘，岑君伐之。我有蟊賊，岑君遏之。」蓋又法此也。

【校勘記】

[一] 四庫本作「齊歌曰謳，獨歌曰謡」。

6 祭有祝嘏，死有誄謚，周公之制備矣。祝嘏尚欽，誄謚宜實。考諸禮籍，有《士虞祭祝辭》、《貞惠文子謚辭》，實作者之儀表也，今取之。

士虞祝辭

哀子某，顯相，夙興夜處不寧，敢用潔牲剛鬣[一]，嘉薦普淖，明齊溲酒，哀薦祫事，適爾皇祖某甫，尚饗。今之祝文唯同「尚饗」二字，餘皆非古法也[二]。

貞惠文子謚辭

昔者衛國凶饑，夫子爲粥與國之餓者，是不亦惠乎？昔者衛國有難，夫子以其死衛寡人，不亦貞乎？夫子聽衛國之政，修其班制，以與四鄰交。衛國之社稷不辱，不亦文乎？故謂夫子「貞惠文子」。古無三字謚法，唐李巽謂衛君之亂制也。今取其文，故不復議。

【校勘記】

[一] 四庫本「剛鬣」後有「香合」二字。

[二] 四庫本「尚饗」後有陳騤自注「今之祝文唯同『尚饗』二字，餘皆非古法也」十六字，因據補。

7 傳記所載，古作紛然，未容悉數。且箕子《麥秀》之詩，下符《黍離》之詠。箕子朝周，過殷之故城，盡生禾黍，傷之，作《麥秀》之詩[一]。其詩曰：「麥秀漸漸兮，禾黍油油[二]。彼狡童兮，不我好仇。」此與《黍離》之所作無異。《黍離》序曰：「周大夫行役，至于宗周，過故宗廟宮室，盡爲禾黍。閔周室之顛覆[三]，而作是詩。」越人《擁楫》之歌，上體《綢繆》之意。鄂君與越人同舟，越人擁楫而歌曰：「今夕何夕兮，得與搴舟水流。今日何日兮，得與王子同舟。」此與《綢繆》詩言「今夕何夕，見此良人」之意同也。《迎日》之辭，與《洛誥》文同。《迎日》之辭曰：「維某年某月上日[四]，明光于上下，勤施于四方。旁作穆穆，維予一人某，敬拜迎于郊，以正月朔日迎日于東郊[五]。」《洛誥》成王稱周公曰：「惟公德明光于上下，勤施于四方。旁作穆穆迓衡。」《冠王》之頌，與《士禮》辭類。成王冠，周公作頌曰：「令月吉日，王始加元服。去王幼志，服衮職[六]。欽若昊命[七]，六合是式。率爾祖考，永永無極。」《士冠禮》始加祝曰：「令月吉日，始加元服。棄爾幼志，順爾成德。壽考維祺，介爾景福。」虞舜《慶雲》之作，有虞之時有慶雲，百工相和而歌[八]，舜乃倡之曰：「慶雲爛兮，糺縵縵兮。日月光華，旦復旦兮。」成湯《旱禱》之文，湯旱而禱曰：「政不節與？民失職與[九]？何以不雨，至斯極也？宫室崇與？女謁盛與[一〇]？何以不雨，至斯極也？讒夫昌與[一一]？苞苴行與？何以不雨，至斯極也？」潤色之語，不全典誥之風。作者如欲博觀於此，宜加旌别。

【校勘記】

[二]詩：四庫本作「歌」。

[二]四庫本「油油」後有「兮」字。

[三]憫：四庫本作「閔」。閔、憫古今字。

[四]某月：四庫本無「某」字。

［五］「敬拜迎于郊」二句：四庫本作「敬拜迎日東郊」。王本於「朔日」下作校語云：「屠本『朔日』下有『之日』二字。」
［六］服：四庫本作「思宏」。
［七］命：四庫本作「天」。
［八］相和而歌：底本無「而歌」二字，據四庫本補。
［九］民失職與：四庫本作「使民疾與」。
［一〇］女：四庫本作「婦」。
［一一］昌：四庫本作「興」。

癸　凡一條

唐虞三代，君臣之間告戒答問之言，雍容温潤，自然成文。降及春秋，名卿才大夫尤重辭命，婉麗華藻，咸有古義。秦漢以來，上之詔命，皆出親製。是故第五倫見光武詔書，歎曰：「此聖王也，一見決矣。」［一］自後不然，凡有王言，悉責成臣下，而臣下又自有章表。是以束帶立朝之士，相尚博洽，肆其筆端，徒盈篇牘，甚至於駢儷其文，俳諧其語。所謂代言與夫奏上之體，俱失之矣。今采摭《尚書》及《左氏内外傳》之語，可以代言奏上者録之，庶使古人之美，昭然可法。如漢武帝初作誥以立三王，各以土俗申戒。文辭氣象，未遠於古，俱附于後[二]。

舜命禹作司空語。咨禹，汝平水土，惟時懋哉[三]。

舜命棄作后稷語。棄，黎民阻飢，汝后稷播時百穀。

舜命契作司徒語。契，百姓不親，五品不遜，汝作司徒，敬敷五教，在寬。

命皐陶作士語。皐陶，蠻夷猾夏，寇賊姦宄，汝作士，五刑有服，五服三就，五流有宅，五宅三居[四]，惟明克允。

命伯夷作秩宗語。咨伯[五]，汝作秩宗，夙夜惟寅，直哉惟清。

命夔典樂語。夔，命汝典樂，教胄子，直而温，寬而栗，剛而無虐，簡而無傲。詩言志，歌永言，聲依永，律和聲[六]，八音克諧，無相奪倫，神人以和。

命龍作納言語。龍，朕堲讒説殄行，震驚朕師。命汝作納言，夙夜出納朕命，惟允。

美禹陳九功語。地平天成，六府三事允治，萬世永賴，時乃功。

勉皐陶作士語。皐陶，惟兹臣庶，罔或干予正。汝作士，明于五刑，以弼五教，期于予治。刑期于無刑，民協于中，時乃功懋哉！

又美皐陶語。俾予從欲以治，四方風動，惟乃之休。

舜又命禹語。臣作朕股肱耳目，予欲左右有民，汝翼；予欲宣力四方，汝爲；予欲觀古人之象，日月星辰，山龍華蟲，作會宗彝，藻火粉米，黼黻絺繡，以五彩彰施于五色作服，汝明；予欲聞六律五聲八音，在治忽，以出納五言，汝聽。予違汝弼，汝無面從[七]，退有後言。

湯制官刑儆戒百官語。敢有恒舞于宮，酣歌于室，時謂巫風；敢有殉于貨色，恒于遊畋，時謂淫風；敢有侮聖言，逆忠直，遠耆德，比頑童，時謂亂風。惟茲三風十愆，卿士有一于身，家必喪；邦君有一于身，國必亡。臣下不匡其刑墨，具訓于蒙士[八]。

高宗命傅説語。朝夕納誨，以輔台德，若金用汝作礪，若濟巨川用汝作舟楫，若歲大旱用汝作霖雨。啟乃心，沃朕心，若藥弗瞑眩，厥疾不瘳；若跣弗視地，厥足用傷。惟暨乃僚，罔不同心，以匡乃辟，俾率先王迪我高后，以康兆民。嗚呼[九]，欽予時命，其惟有終！

美傅説進戒語。王曰：「旨哉！説乃言惟服，乃不良于言，予罔聞于行。」

又命傅説語。説，四海之内，咸仰朕德，時乃風。股肱惟人，良臣惟聖。昔先正保衡作我先王，乃曰：「予弗克俾厥后惟堯舜，其心愧恥，若撻于市。」一夫不獲，則曰：「時予之辜。」佑我烈祖，格于皇天，爾尚明保予[一〇]，罔俾阿衡專美有商。

成王命微子代商後語。乃祖成湯，克齊聖廣淵，皇天眷佑，誕受厥命，撫民以寬，除其邪虐，功加于時，德垂後裔。爾惟踐修厥猷，舊有令聞，恪慎克孝，肅恭神人。予嘉乃德，曰篤不忘，上帝時歆，下民祗協，庸建爾于上公，尹茲東夏。欽哉，往敷乃訓，慎乃服命，率由典常，以蕃王室，弘乃列祖，律乃有民，永綏厥位，毗予一人，世世享德，萬邦作式。俾我有周無斁。嗚呼[一一]，往哉惟休，無替朕命。

封康叔語。王曰：嗚呼，封敬哉，無作怨，勿用非謀非彝，蔽時忱，丕則敏德，用康乃心，顧乃德，遠乃猷，裕乃以民寧，不汝瑕殄。王曰：嗚呼，肆汝小子封，惟命不于常，汝念哉，無我殄，享明乃服命，高乃聽，用康乂民[一二]。

命蔡仲爲侯語。小子胡，惟爾率德改行，克慎厥猷，肆予命爾侯于東土，往即乃封，敬哉。爾尚蓋前人之愆，惟忠惟孝，爾乃邁迹自身，克勤無怠，以垂憲乃後。率乃祖文王之彝訓，無若爾考之違王命。皇天無親，惟德是輔；民心無常，惟惠之懷。爲善不同，同歸于治；爲惡不同，同歸于亂。爾其戒哉！慎厥初，惟厥終，終以不困；不惟厥終，終以困窮。懋乃攸績，睦乃四鄰，以蕃王室，以和兄弟，康濟小民。率自中，無作聰明，亂舊章。詳乃視聽，罔以側言改厥度。則予一人汝嘉。王曰：嗚呼，小子胡，汝往哉[一三]，無荒棄朕命。

董正百官語。今予小子，祗勤于德，夙夜不逮，仰惟前代時若，訓廸厥官，立太師、太傅、太保，兹惟三公，論道經邦，燮理陰陽。官不必備，惟其人。少師、少傅、少保，曰三孤，貳公弘化，寅亮天地，弼予一人。冢宰掌邦治，統百官，均四海。司徒掌邦教，敷五典，擾兆民。宗伯掌邦禮，治神人，和上下。司馬掌邦政，統六師，平邦國。司寇掌邦禁，詰姦慝，刑暴亂。司空掌邦土，居四民，時地利。六卿分職，各率其屬，以倡九牧，阜成兆民云云[一四]。

命君陳尹兹東郊語[一五]。君陳，惟爾令德孝恭，惟孝友于兄弟，克施有政。命汝尹兹東郊，敬哉。昔周公師保萬民，民懷其德。往慎乃司，兹率厥常，懋昭周公之訓，惟民其乂。我聞曰：至治馨香，感于神明，黍稷非馨，明德惟馨。爾尚式時周公之猷訓，惟日孜孜，無敢逸豫。凡人未見聖，若不克見，既見聖，亦不克由聖。爾其戒哉！爾惟風，下民惟草。圖厥政，莫或不艱。有廢有興，出入自爾師虞，庶言同則繹。爾有嘉謀嘉猷，則入告爾后于内，爾乃順之于外，曰：斯謀斯猷，惟我后之德。嗚呼[一六]，臣人咸若時[一七]，惟良顯哉。

康王告諸侯語[一八]。昔君文武，丕平富，不務咎，底至齊信，用昭明于天下，則亦有熊羆之士，不二心之臣，保乂王家，用端命于上帝。皇天用訓厥道，付畀四方，乃命建侯樹屏，在我後之人。今予一二伯父，尚胥暨顧，綏爾先公之臣，服于先王。雖爾身在外，乃心罔不在王室[一九]，用奉恤厥若，無遺鞠子羞[二〇]。

命畢公保釐東郊語。惟周公左右先王，綏定厥家，毖殷頑民，遷于洛邑，密邇王室，式化厥訓，既歷三紀，世變風移，四方無虞，予一人以寧。道有升降，政由俗革，不臧厥臧，民罔攸勸。惟公懋德，克勤小物，弼亮四世，正色率下，罔不祇師言，嘉績多于先王，予小子垂拱仰成。王曰：嗚呼父師，今予祇命公以周公之事，往哉云云[二一]。

穆王命君牙爲大司徒語。 君牙，惟乃祖乃父，世篤忠貞[二二]，服勞王家，厥有成績，紀于太常。惟予小子，嗣守文、武、成、康遺緒，亦惟先王之臣，克左右，亂四方，心之憂危，若蹈虎尾，涉于春冰。今命爾予翼，作股肱心膂，纘乃舊服，無忝祖考[二三]，宏敷五典，式和民則。爾身克正，罔敢弗正，民心罔中，惟爾之中云云[二四]。

命伯冏爲太僕正語。 伯冏，惟予弗克于德，嗣先人宅丕后，怵惕惟厲，中夜以興，思免厥愆。昔在文、武，聰明齊聖，小大之臣，咸懷忠良，其侍御僕從，罔匪正人，以旦夕承弼厥辟，出入起居，罔有不欽，發號施令，罔有不臧。下民祇若，萬邦咸休。惟予一人無良，實賴左右前後有位之士，匡其不及，繩愆糾謬，格其非心，俾克紹先烈。今予命汝作大正，正于群僕侍御之臣，懋乃后德，交修不逮，慎簡乃僚，無以巧言令色，便辟側媚，其惟吉士。僕臣正，厥后克正；僕臣諛，厥后自聖。后德惟臣，不德惟臣。爾無昵于憸人，充耳目之官，迪上以非先王之典。非人其吉，惟貨其吉。若時瘝厥官，惟爾大弗克祇厥辟，惟予汝辜。王曰：嗚呼欽哉[二五]，永弼乃后于彝憲。

平王錫晉文侯語。 父義和，汝克紹乃顯祖，汝肇刑文武，用會紹乃辟，追孝于前文人[二六]。汝多修，扞我于艱，若汝予嘉。王曰：父義和，其歸視爾師，寧爾邦，用賚爾秬鬯一卣，彤弓一、彤矢百，盧弓一、盧矢百[二七]，馬四匹。父往哉云云。

晉悼公賜魏絳樂語。 子教寡人和諸戎狄，以正諸華。八年之中，九合諸侯，如樂之和，無所不諧。請與子樂之。

魏絳辭樂語。 夫和戎狄，國之福也。八年之中，九合諸侯，諸侯無慝，君之靈也，二三子之勞也，臣何力之有焉？抑臣願君安其樂而思其終也云云。《書》曰：「居安思危，思則有備，有備無患。」敢以此規。

晉張老辭卿語。臣不如魏絳。夫絳之智，能治大安；其仁可以利公室。不忘其勇，不疚于刑，其學不廢，其先人之職若在卿位，外内必平[二八]。

衛大叔文子謝罪語。臣知罪矣，臣不佞，不能負羈紲，以從扞牧圉，臣之罪一也。有出者，有居者，臣不能貳，通内外之言以事君，臣之罪二也。有二罪，敢忘其死？

鄭子産辭邑語。自上以下，降殺以兩，禮也。臣之位在四，且子展之功也，臣不敢及賞禮，請辭邑。

衛公孫免餘辭邑語。惟卿備百邑，臣六十矣。下有上禄，亂也。臣弗敢聞。且甯子惟多邑，故死。臣懼死之速及也。

齊晏子辭更宅語。君之先臣容焉，臣不足以嗣之，於臣侈矣。且小人近市，朝夕得所求，小人之利也，敢煩里旅。

衛子魚辭從會語。臣展四體，以率舊職，猶懼不給而煩刑書，若又共二，徼大罪也。且夫祝，社稷之常隸也。社稷不動，祝不出境，官之制也。若嘉好之事，臣無事焉。

陳敬仲辭卿語。羈旅之臣，幸若獲宥，及于寬政，赦其不閑于教訓，而免于罪戾，弛于負擔，君之惠也，所獲多矣。敢辱高位以速官謗？請以死告。

齊威公對賜胙無下拜語[二九]。天威不違顔咫尺，小白余敢貪天子之命無下拜？恐隕越于下，以遺天子羞。敢不下拜？

齊管仲辭莊王以上卿禮饗語。臣賤有司也，有天子之二守國高在，若節春秋，來承王命，何以禮焉？陪臣敢辭。

莊王命管仲語。舅氏，余嘉乃勳，應乃懿德，謂篤不忘，往踐乃職，無逆朕命。

鄭燭之武辭文公使見秦穆公語。臣之壯也，猶不如人，今老矣，無能爲也已。

楚子西辭爲商公語。臣免于死，又有讒言，謂臣將逃，臣歸死于司敗也。

晉平公策命鄭公孫段語。子豐有勞于晉國，余聞而弗忘，賜汝州田，以胙乃舊勳。

晉祁奚薦子爲軍尉語。人有言曰：「擇臣莫若君，擇子莫若父。」午之少也，婉以從令，遊有鄉，處有所，好學而不戲；其壯也，彊志而用命，守業而不淫；其冠也，和安而好敬，柔惠小物而鎮定大事，有直質而無流心，非義不變，非上不舉，若臨大事，其可以賢于臣也。臣請薦所能擇，而君比義焉。

晉狐偃辭卿語。毛之智賢于臣，其齒又長，毛也不在位，不敢聞命。注：「毛，偃之兄。」

韓獻子爲子無忌辭公族大夫語。厲公之亂，無忌備公族不能死，臣聞之曰：「無功，庸者不敢居高位。」今無忌智不能匡君[三〇]，使至于難；仁不能救，勇不能死，敢辱君朝，以忝韓宗。請退也。

晉趙衰辭卿語。欒枝貞慎，先軫有謀，胥臣多聞，皆可以爲輔，臣弗若也。

齊鮑叔辭宰語。臣，君之庸臣也。君加惠于臣，使不凍餒，則是君之賜也。若必治國家者，則非臣之所能也。若必治國家者，則管夷吾乎！臣之所不若夷吾者五：寬惠柔民，弗若也；治國家不失其柄，弗若也；忠信可結于百姓，弗若也；制禮義可結于四方，弗若也；執枹鼓立于軍門，使百姓加勇焉，弗若也。

漢齊王閎封策語。於戲，小子閎，受兹青社。朕承天序，維稽古建爾國家，封于東土，世爲漢藩輔。於戲念哉！恭朕之詔。惟命不于常人之好德，克明顯光，義之不圖，俾君子怠，悉爾心。允執其中，天禄永終。厥有愆不臧，乃凶于乃國，害于爾躬。於戲，保國乂民，可不敬與！王其戒之。

燕王旦封策語。於戲，小子旦，受茲玄社，建爾國家〔三一〕，封于北土，世爲漢藩輔。於戲，薰鬻氏虐老獸心，以姦巧邊甿〔三二〕。朕命將率，徂征厥罪，萬夫長、千夫長三十有二帥，降旗走師〔三三〕。薰鬻徙域，北州以安。悉爾心，毋作怨，毋作棐德，毋乃廢備〔三四〕，非教士不得以徵〔三五〕，王其戒之。

廣陵王胥封策語。於戲，小子胥受茲赤社，建爾國家，封于南土，世世爲漢藩輔。古人有言曰：大江之南，五湖之間，其人輕心。揚州保疆，三代要服，不及以政。於戲，悉爾心，祇祇兢兢，乃惠乃順，毋侗好逸，毋邇宵人，惟法惟則。《書》云：「臣不作福，不作威，靡有後羞。」王其戒之。

【校勘記】

〔一〕四庫本「皆出親製」下有陳騤自注：「是故第五倫見光武詔書，歎曰：『此聖王也，一見決矣。』」二十字。宋世犖《〈文則〉校語附録》「皆出親製」下陳本小注亦有相應注文，今據以復原。

〔二〕俱：四庫本作「併」。王本校語云：「元本、明弘治本及秘笈本『俱』作『倶』。」

〔三〕四庫本少本條與「舜命棄作后稷語」條及兩條陳騤自注。

〔四〕「五服三就，五流有宅，五宅三居」十二字，四庫本作「云云」，蓋傳寫省略。

〔五〕咨伯：四庫本作「伯夷」。

〔六〕四庫本無「詩言志，歌永言，聲依永，律和聲」十二字。

〔七〕四庫本省略「予欲宣力……汝無面從」七十四字。

〔八〕四庫本省略「酣歌……頑童」三十六字，又省略「惟茲……蒙士」三十六字。

〔九〕四庫本省略「若金……嗚呼」七十四字。

〔一〇〕四庫本無「説」字，下文省略「時乃風……爾尚明保予」六十二字。

〔一一〕四庫本省略「皇天眷佑……嗚呼」一百十八字，無「惟休」二字。

〔一二〕四庫本省略「王曰……丕則敏德」二十三字，又省略「顧乃德……無我殄享」三十六字，又省略「高乃聽用康乂民」七字。

〔一三〕四庫本省略「惟爾率德改行……汝往哉」一百七十七字。

〔一四〕四庫本省略「夙夜不逮……阜成兆民云云」一百四十五字，衍「至敬爾有官亂爾有政」九字。

〔一五〕尹兹：四庫本作「分正」。

〔一六〕四庫本省略「惟孝……嗚呼」一百六十四字。

〔一七〕「臣人」原作「人臣」，王本據元本、明弘治本、及屠本乙正，《尚書》正作「臣人」，今從改。

〔一八〕告：四庫本作「誥」。

〔一九〕四庫本省略「丕平富……乃心」八十六字。

〔二〇〕四庫本無「用奉恤厥若無遺鞠子羞」十字。

〔二一〕四庫本省略「毖殷頑民……往哉云云」一百零三字。衍「罔曰弗克惟既厥心」八字。

〔二二〕四庫本脱「世篤忠貞」四字。

〔二三〕四庫本省略「厥有成績……無忝祖考」六十二字。

〔二四〕四庫本省略「爾身克正，罔敢弗正，民心罔中，惟爾之中云云」十八字。

［二五］四庫本省略「嗣先人宅……嗚呼欽哉」二百二十字。

［二六］四庫本無「父義和……追孝于前文人」二十五字。

［二七］四庫本省略「若汝予嘉……盧矢百」三十六字，無注末「云云」二字。

［二八］「其學不廢」三句：學，原作「家」，四庫本作「學」，查《國語・晉語》正作「學」，因據改。王本校語云：「『學』原誤作『家』，今據元本、明弘治本校改，《國語》正作『學』，屠本又誤作『象』。」外内必平，原作「内外必平」，四庫本作「外内必平」，王本校云：「『外内』原誤作『内外』，今據元本、明弘治本、屠本、秘笈本乙正，《國語》正作『外内』。」

［二九］齊威公：係宋人避欽宗趙桓諱而改。王本云：齊威公即齊桓公。

［三〇］匡：四庫本作「正」。

［三一］建爾國家：四庫本脱。

［三二］甿：原作「畂」，四庫本作「甿」。王本校云：「今據元本、明弘治本、屠本改正，《史記》索隱引一本正作『甿』。」因據改。

［三三］走：四庫本作「奔」。

［三四］毋乃廢備：四庫本作「毋廢迺備」。

［三五］以徽：四庫本作「從徽」。

附録

一、題跋

文則跋語

此書始得陳天民本，録於江陰，缺序及末一版。今五年矣，乃得莫景行本補足之於松江泗水之上。至正己亥六月也。陶宗儀志。

書天台陳先生文則後　陳本有，郭本無。

六經之文，經緯天地，自餘諸子，亦多左右六經，其用字立言，初非爲《文則》設也。然文如聖賢[一]，何等氣象！譬之一元磅礴，萬化流行，各極其妙，而一出於天然，真文字之準則也。第則其文而不求其所以文，吾恐口氣雖似，元氣索然，非善則者。能因言以求其道，使聖賢精神心術躍然於心目間，則中有卓見，文亦偉然爛然矣。斯固天台陳先生編輯之本旨，敢繹而申之於後。弘治己酉秋八月望日，後學衡州府知府山陰陳哲識。

【校勘記】

［一］「如」字原作「□」，現據王本補正。

刊文則序

夫文以《則》名何也？文乃道之顯，則猶法也。道之大原出於天，天不變而道隨之，歷萬世其罔弊也。古之聖聖相授而守一道，其修詞立誠，不下於帶；而藻采絢麗，至道攸存，自足以爲天下後世之法。故曰：「風行乎水上，渙。天下之至文，先聖後聖，其揆一，其文渙。」此文之所以爲可則者，則是道也，緣若文也。苟徒馳騁於絺繪之末，鏗鏘乎視聽之外，於道乃支離焉，藝焉爾矣，又奚可以爲則？噫，弊也久矣。不能不啟我陳夫子類摘經傳，以詔後之學者，遏其末流之趨，而挽之以就則也。其深於斯道協諸文而協也乎！不然，盍不曰則道，而曰文者，厥旨微矣。故孔子曰：「文莫吾猶人也，文不在兹乎？」是故陳夫子之取爾焉。若夫志學之士，靜專於内，嚅嚌道真，但於微處索之，彼亦有所合之也，則亦庶乎其有獲。

嘉靖戊申歲春元宵穀旦，知嘉興府事前山西按察司僉事奉敕整飭岢嵐石隰兵備關中趙瀛文海甫識。

【説明】

此序據萬有文庫本《文則》補録。原刊於陳騤《文則》序前。

書刻文則後

左山夫子莅嘉禾，百年墜弛，咸克舉而新之。子大夫曰：「之嘉也之守之政之善，吾未之前聞，□而平成之績，民永賴焉。稽若造士，則重本篤□，抑浮崇雅。祠宇飾矣，科條飭矣。歸釋氏之侵地，屏以崇墉，而翼翼然改觀矣。猶於育材别館，論述群籍，拳拳以明義理，淑身心，通達世務爲訓。」一日，出宋少傅陳文簡公《文則》，曰：「是集也，取之乎六經，參之乎百子，體裁各具，允有俾于製作。非直可以觀，可以式者，夫固所謂舉業合一之資也。夫今舉業之文若非古也。古以明道，今亦以明道。道因詞顯，事以文載。雖善鳴者，其孰能外之？奈何馳辯鬥異，肆其説而蔓衍于天下。或博而寡要，或蕩而不法，或失則靡，或失則□。

弗惠于道，文斯敝已。夫奚貴於言？若《文則》者，撮古人之要語，爲作者之法程，如衡誠懸而難欺以輕重，度誠設而難以欺短長，使修詞者能會而通之，師其意無泥於迹，法其故有即乎新，則縱横藝苑，範我馳驅，出之爲梓論，爲至言，爲則爲訓，蓋今之文猶古之文也。夫是之謂舉業□之一資，庸詎非多士之所當取則者乎？」因命魁也校正之，俾壽梓以傳。魁竊慶曰：「人惟學有淵源，斯論有準的。左山夫子昔受學于平川王公，關洛相沿，其道脈文筌，夫固有所自焉也。兹多士協夫子嘉惠之心，取以自則，而會製作之大成，宣仲尼所謂齊變至魯，魯變至道。夫非一大機括乎？梓成，敢贅數言，爲多士告。」

嘉靖戊申春正月望，秀水縣儒學訓導長沙廖□□拜書。

【説明】

此則《書後》據蔡宗陽《陳騤〈文則〉新論》本第三章《文則的版本》輯録。原刊於民國十一年覆刊明萬曆年間寶顔堂秘笈本書後。見《新論》第四二頁。

二、陳騤傳記

嘉定赤城志陳騤傳

陳騤，臨海人，字叔進。省試第一，歷秘書郎，工部郎官，將作監，秘書少監，權中書舍人兼太子諭德，秘書少監，秘書監，中書舍人奉祠知寧國府、袁州，召除吏部侍郎，禮部尚書，同知樞密院參知政事，知樞密院。以資政殿大學士知婺州，俄提舉洞霄宮，進觀文殿學士，薨，贈少保。事見國史及蔡尚書幼學所爲行狀，有文集行于世，水心葉侍郎適爲之序。（卷三三）

宋史陳騤傳

陳騤字叔進，台州臨海人。紹興二十四年試春官第一，秦檜當國，以秦塤居其上。累官遷將作少監，守秘書少監，兼太子諭德。太子尹臨安，騤謂：「儲宮下親細務，不得專于學，非所以毓德也。」太子矍然，亟辭。崔淵以外戚張説進除秘書郎兼金部郎，騤封還詞頭，未幾出知贛州，易秀州。召還，首言「陛下鋭意圖治，群下急於自媒，爭獻彊兵理財之計。及畀以職，報效蔑聞，宜杜邪諂之路」。再歸故官，遷秘書監兼崇政殿説書。淳熙五年，試中書舍人兼侍講，同修國史。上欲采晉宋以下興亡理亂之大端，約爲一書，謂騤曰：「惟卿與周必大可任此事。」言者忌而攻之，上留章不下，授提舉太平興國宫，起知寧國府，改知太平州，加集英殿修撰，以言者罷。起知袁州。光宗受禪，召試吏部侍郎。紹熙元年，同知貢舉兼侍講。二年春雪雷，詔陳時政得失，騤疏三十條，如「宫闈之分不嚴，則權柄移；内謁之漸不杜，則明斷息；謀臺諫於當路，則私黨植；咨將帥於近習，則賄賂行。不求讜論則過失彰，不謹舊章則取舍錯。宴飲不時則精神昏，賜予無節則財用竭」，皆切於時病。三年三月，權禮部尚書。六月，同知樞密院事。四年二月，參知政事。光宗以疾不朝重華宫，會慶節稱壽，又不果往。騤三入奏，廷臣上疏者以百數，上感悟，以冬至日朝重華。五年正月朔旦，稱壽于慈福宫。孝宗崩，光宗以疾未臨喪，騤請正儲位以安人心。七月，攝行三省事。寧宗即位，知樞密院事兼參知政事。趙汝愚爲右丞相，騤素所不快，未嘗同堂語。汝愚擬除劉光祖侍御史，騤奏曰：「劉光祖舊與臣有隙，光祖入臺，臣請避之。」汝愚愕而止。時韓侂胄恃傳言之勞，潛竊國柄。吏部侍郎彭龜年論侂胄將爲國患，不報。於是龜年、侂胄俱請祠。騤曰：「以閤門去經筵，何以示天下？」龜年竟外補。侂胄語人曰：「彭侍郎不貪好官固也，元樞亦欲爲好人耶？」遂以資政殿大學士與郡，辭。詔提舉洞霄宫。慶元二年，知婺州，告老，授觀文殿學士，提舉洞霄宫。嘉泰三年卒，年七十六，贈少傅，謚文簡。（卷三九三）

明一統志陳騤傳

陳騤，臨海人。紹興中試春官第一，累官將作少監。歷知贛、秀、太平、袁州，光宗時爲吏部侍郎兼侍讀，應詔疏二十條，皆切時病。寧宗時知樞密院事兼參知政事，後知婺州，卒，贈少傅，謚文簡。

清一統志陳騤傳

陳騤字叔進，臨海人。紹興二十四年試春官第一，累官太子諭德。時命太子尹臨安，騤諫止之。光宗受禪，召試吏部侍郎。紹熙二年，詔陳時政得失，騤疏三十條，皆切時病。遷參知政事。光宗以疾不朝重華宫，騤三入奏，上感悟。寧宗即位，知樞密院事。慶元二年，知婺州，告老，授觀文殿學士，提舉洞霄宫，卒贈少傅，謚文簡。

浙江通志陳騤傳

陳騤，《宋史》本傳：字叔進，臨海人，紹興二十四年試春官第一，累遷守秘書少監。崔淵以外戚張説進除秘書郎，騤封還詞頭，未幾出知贛州。召還，遷秘書監。淳熙五年，試中書舍人兼侍講同修國史，以言者罷。光宗受禪，召試吏部侍郎。紹熙二年，詔陳時政得失，騤疏三十條，皆切時病。寧宗即位，知樞密院事兼參知政事。吏部侍郎彭龜年論韓侂胄將爲國患，不報，請祠。騤曰：「以閤門去經筵，何以示天下？」侂胄語人曰：「彭侍郎不貪好官，元樞亦欲爲好人耶？」遂詔提舉洞霄宫。嘉泰三年卒，贈少傅，謚文簡。（卷一六一）

三、圖書目録

直齋書録解題 ［宋］陳振孫

《中興館閣録》十卷，續十卷，秘書監天台陳騤叔進撰。淳熙中，騤長蓬山，與同僚録建炎以來事爲此書，李燾仁父爲之序。《續録》者，後人因舊文增附之。案《續録》乃嘉定三年

館閣重行編次，後人次第補録，迄於咸淳者。（卷六）

《中興館閣書目》三十卷，秘書監臨海陳騤叔進等撰，淳熙五年上之。中興以來，庶事草創，網羅遺逸，中秘所藏，視前世獨無歉焉，殆且過之。大凡著録四萬四千四百八十六卷，蓋亦盛矣。其間攷究疏謬，亦不免焉。（卷八）

續文獻通考

陳騤《文則》二卷。騤字叔進，台州臨海人。紹興二十四年進士第一，慶元初官至樞密院使兼參知政事，忤韓侂胄，提舉洞霄宫，謚文簡。（卷一九八）

四庫全書文則提要

文則二卷　詩文評類

臣等謹案：《文則》二卷，宋陳騤撰。騤有《南宋館閣録》，已著録。按《太平御覽》引摯虞《文章流別論》曰：「古詩之三言者，『振振鷺，鷺于飛』是也。漢郊廟歌多用之。五言者

『誰謂雀無角，何以穿我屋』是也，樂府用之。六言者『我姑酌彼金罍』是也，樂府亦用之。七言者『交交黄鳥止于桑』是也，於俳諧倡樂用之。九言者『洞酌彼行潦挹彼注兹』是也，不入歌謡之章，故世稀爲之。文章句法，推本六經，兹其權輿也。劉知幾《史通》特出《模擬》一篇，於貌同心異，貌異心同，辨析特精，是又不以句法求六經矣。駁此書所列文章體式，雖該括諸家，而大旨皆準經以立制，其不使人根據訓典，鎔精理以立言，而徒較量于文之增減，未免逐末而遺本。又分門别類，頗嫌於太瑣太拘，亦不免舍大而求細。然取格法于聖籍，終勝摹機調于後人。其所標舉，神而明之。存乎其人，固不必以定法泥此書，亦不必以定法病此書也。

乾隆四十六年九月恭校上，總纂官臣紀昀、臣陸錫熊、臣孫士毅，總校官臣陸費墀。

引用書目

文淵閣《四庫全書》本《文則》。

清阮元編纂《十三經註疏》，北京：中華書局一九七九年版。

王雲五主編萬有文庫本《文則》，商務印書館民國二十六年（一九三七）十二月版，二十八年九月簡編印行於長沙南正路。

王利器校點《文則·文章精義》，郭紹虞、羅根澤主編《中國古典文學理論批評叢書選輯》，北京：人民文學出版社一九六〇年版。

《叢書集成》初編本《文則》，北京：中華書局一九八五年重印。

劉彥成《文則注譯》，北京：書目文獻出版社一九八八年版。

蔡宗陽《陳騤〈文則〉新論》，《文史哲學集成》，臺北：文史哲出版社一九九三年版。